同性婚のこれから

「婚姻の自由・平等」のために法と政治ができること

花伝社

同性婚のこれから——「婚姻の自由・平等」のために法と政治ができること◆目次

第1部　日本における婚姻の自由・平等

はしがき

二〇二三年五月の世論調査で、七一％が「同性婚に賛成」という結果が出た。男女別では男性六五％、女性七七％が賛成。世代別では若年層八五％、中年層七二％、高年層六二％と、全世代で六割以上が賛成と回答したのである（共同通信社郵送世論調査結果）[1]。日本でも、同性婚や性的マイノリティに関する意識が、しだいに変化していることがわかる。

また、同性婚を認めない法制度を憲法違反として訴えた「結婚の自由をすべての人に」訴訟の地方裁判所判決五件が出そろった[2]。結果は、札幌地裁と名古屋地裁判決が「違憲」、東京地裁と福岡地裁判決が「違憲状態」、大阪地裁判決だけが「合憲」となった。

このような結果を受けて、ジェンダー法政策研究所[3]は、二〇二三年七月九日に、第3回シンポジウム「二一世紀の人権保障としての婚姻の自由・平等――国際比較から」を開催した。上記の世論調査結果や地裁判決を踏まえて、憲法・民法・国際人権法や諸外国の状況を比較の観点から検討することをめざした（企画の詳細は、当研究所三成美保理事の「企画趣旨」を参照されたい）。

本書『同性婚のこれから――「婚姻の自由・平等」のために法と政治ができること』は、このシンポジウムの成果をまとめたものである。

この本では、第1部で、憲法学から上記の地裁判決の比較検討結果と理論的課題を明らかにしたのち、民法学から戸籍等の問題点と改革案、原告の弁護団から実務上の争点を示した。第2部では、国際人権法およびフランス・ドイツ・台湾の状況について検討し、同性婚を制度として容認した経緯や今後の課題などを国際比較の視点から実証的に示している。

ジェンダー法政策研究所は、これまでウェブサイトでの研究成果発表やオンライン・シンポジウムなどを開催してきた。昨年の第1回・第2回シンポジウムの記録は、当研究所編『選択的夫婦別姓は、なぜ実現しないのか？――日本のジェンダー平等と政治』（花伝社、二〇二二年）として刊行されている。選択的夫婦別姓制について、参議院選挙の結果を踏まえて政治・社会状況を分析したこの本は、お蔭で大変好評を博している。また、当研究所フランス支部の「パリテ通信」も含めて刊行された辻村みよ子＝齊藤笑美子著『ジェンダー平等を実現する法と政治――フランスのパリテ法から学ぶ日本の課題』（花伝社、二〇二三年）も、是非ともご一読をお願いできれば幸いである。フランスでは、同性カップルの共同生活を保障したパクス法（民事連帯契約法、一九九九年）、選挙等の男女同数を求めたパリテ法（二〇〇〇年）に続いて、同性婚法制定（二〇一三年）、生命倫理法改正（二〇二一年）、「氏の選択」法制定（二〇二二年）のように、次々と法改革を進め、ジェンダー平等の推進モデルを世界に発信しているからである。

他方、日本では、ジェンダー平等の歩みはあまりにも遅く、鈍いと言わざるを得ない。二〇二三年のジェンダーギャップ指数（世界経済フォーラム、GGI2023[4]）では、日本の位置は一四六か国中一二五位と過去最悪となり、政治分野は一三八位で世界ワーストテンに入っている。

それでも、光明が全くないわけではない。二〇二三（令和五）年一〇月二五日最高裁大法廷決定では、トランスジェンダーの性別変更問題について、「性同一性障害特例法」三条一項四号（いわゆる手術要件）を憲法一三条違反とする判断が示されて注目された[5]。これは貴重な一二件目の法令違憲判決であり、今後すみやかな法改正が求められよう。

このため当研究所でも、日本のジェンダー平等推進のため、リプロダクティブ・ライツや妊娠中絶問題などを含めて、今後も具体的に検討を続ける所存である。

皆様の一層のご支援を御願いしたい。

そして、同性婚をめぐるこれからの課題について、「婚姻の平等と自由」のために法と政治ができることを法学・政治学・社会学等の立場から論じたこの本が、日本のジェンダー平等や人権保障の推進のためにお役に立てることを祈っている。

二〇二四年一月

ジェンダー法政策研究所共同代表・弁護士　辻村みよ子

［注］

1　共同通信社二〇二三年世論調査結果による。調査は二〇二三年三～四月、全国一八歳以上の男女三千人を対象に実施された。共同通信社から新聞社各社に配信された原稿は下記のとおりであった（共同通信社調査担当部署に確認済）。

「同性婚を認める方がよいと答えた人は七一％、選択的夫婦別姓制度に賛成の割合は七七％に上った。いずれも自民党内に慎重論が根強く法整備が進んでいないテーマで、世論との乖離（かいり）が浮き彫りになった。若年層ほど賛成する割合が高かった。同性婚を巡っては、三〇代以下の若年層で八五％、四〇～五〇代の中年層で七二％、六〇代以上の高年層では六二％が認める方がよいと回答した。男女別では男性六五％、女性七七％。自民支持層でも六二％で半数を超えた。立憲民主党支持層では七五％だった。

選択的夫婦別姓に対する賛否では、若年層の八七％が賛成。中でも女性若年層の賛成は九一％で、結婚で姓を変更するケースが多い当事者ほど制度導入を求める傾向が顕著に表れた。男女合わせた中年層での賛成は七八％、高年層は七〇％だった。自民支持層の七〇％が賛成と回答した。

性的少数者への差別が「法の下の平等」を保障する憲法一四条などに反していると思うと答えた人の割合は七一％、「思わない」は二四％にとどまった。政党支持別では自民支持層の六四％が「思う」と回答。立民が六九％、日本維新の会七七％、公明党七一％、共産党九四％、国民民主党七〇％だった。「支持する政党はない」とする無党派層では七七％に上り、関心の高さを示した。」（共同通信社二〇二三年五月二日配信）。

2　五件の地裁判決は、札幌地裁（二〇一九・三・一七）、大阪地裁（二〇二二・六・二〇）、東京地

裁（二〇二二・九・三〇）、名古屋地裁（二〇二三・五・三〇）、福岡地裁（二〇二三・六・八）判決の順に下された。これらの概要や比較については、ＮＨＫデジタル二〇二三年六月九日 https://www3.nhk.or.jp/news/html/20230608/k10014093401000.html、同年六月八日朝日デジタル https://digital.asahi.com/articles/ASR675WYHR66TIPE02B.html などマスコミ各紙参照。本書では、三二頁以下、五五頁以下参照。

3　ジェンダー法政策研究所は、コロナ禍で会合もままならなかった二〇二一年五月に設立された。ジェンダー法学を中心に憲法、民法、国際法、政治学などの領域で「ジェンダー研究」を深めることを主眼として活動している。パリテ法（政治学）、憲法、民法、国際法（女性差別撤廃条約）の各研究部門で研究を続けており、共同代表辻村みよ子・糠塚康江・大山礼子のほか、計一二名の理事等の半数が「ジェンダー法学会」の理事長経験者である。ウェブサイト https://www.gelepoc.org を参照されたい。

4　世界経済フォーラムが二〇二三年六月二一日に発表した（GGI2023）については、https://www.weforum.org/reports/global-gender-gap-report-2023、日本の状況については、男女共同参画に関する国際的な指数――内閣府男女共同参画局（gender.go.jp）を参照。総合評価は一四三か国中一二五位（一〇〇点満点換算で六四・七点）。そのうち政治分野は、世界一三八位（五・七点）である。

5　性別の取扱いの変更申立て却下審判に対する抗告棄却決定に対する特別抗告事件（令和２（ク）９９３）の二〇二三〔令和五〕年一〇月二五日最高裁大法廷決定（破棄差戻）は、裁判所ウェブサイト裁判例結果詳細―裁判所― Courts in Japan、https://www.courts.go.jp/app/hanrei_jp/detail2?id=92527 を参照。

企画趣旨——二一世紀の人権保障としての婚姻の自由・平等

追手門学院大学教授・奈良女子大学名誉教授　三成美保

1　本書の目的

二〇二三年、性的マイノリティ（ＬＧＢＴＱ）の人権保障に関して、日本でも大きな動きがあった。①「性的指向及びジェンダーアイデンティティの多様性に関する国民の理解の増進に関する法律」（ＬＧＢＴ理解増進法）が成立したこと（二〇二三年六月一九日）、②「性同一性障害者の性別の取扱いの特例に関する法律」（二〇〇三年：性同一性障害者特例法／特例法）の法的性別変更要件のうち、第二条四号に定める「不妊要件」について違憲決定が出されたこと（二〇二三年一〇月二五日）、③全国五箇所で一斉に提起された婚姻平等訴訟に関して、第一審の判断が出そろい、そのうち四つの裁判所が「違憲」ないしは「違憲状態」の判断を示したことである。こうした動きは、二一世紀の国際的動向にも即したものと言える。このような動向をふまえて、ジェンダー法政策研究所（GELEPOC）

は二〇二三年七月にシンポジウムを行った。本書は、同シンポジウムの成果である。

シンポジウムのテーマは、「二一世紀の人権保障としての婚姻の自由・平等――国際比較から」であった。このタイトルにシンポジウムの目的がはっきりと表れている。すなわち、シンポジウムの目的は、同性間の婚姻（同性婚）を「二一世紀の人権保障」の文脈でとらえ、婚姻平等だけでなく、「婚姻の自由・平等」という枠組みで整理し、「国際比較」を通して今後の課題を展望することにあった。

本書は、シンポジウムのプログラムに準じて、二部構成をとる。第1部「日本における婚姻の自由・平等」では、憲法論、婚姻平等訴訟、実務上の課題を取り上げた。第2部「婚姻の自由・平等の法理――国際比較から」では、国際人権法、フランス、ドイツ、台湾の事例を取り上げた。以下で、本シンポジウムを企画した背景と論点を記しておきたい。

2　二一世紀の人権保障――国際社会の二極化

（1）国際的動向

ＬＧＢＴＱ（以下、引用の場合にはＬＧＢＴ／ＬＧＢＴＩ／ＬＧＢＴＩＱ等の表記も用いる）の人権保障は、二一世紀の人権課題である。いわゆる同性婚を世界で初めて承認したのは、二〇〇一年オランダであった。同性パートナーシップの承認は一九九〇年代から欧米の自治体や一部の国で進んでいたが、同性間の婚姻を認めるという動きは、まさに二一世紀の新しい動きと言える。その後、同性婚を認める国の数は増え、二〇二四年一月現在、世界三六の国・地域に拡大している。

オリンピック憲章は、二〇一四年以降、性的指向に基づく差別を禁止した。また、二〇二三年五月にG7広島サミットが開かれたが、その成果文書である「広島首脳コミュニケ」（二〇二三年五月二〇日）では、「あらゆる人々が性自認、性表現あるいは性的指向に関係なく、暴力や差別を受けることなく生き生きとした人生を享受することができる社会を実現する」[1]と謳われた。このように、二一世紀を迎えてから、性的指向に基づく差別の禁止は、国際文書や各国の法律に明記されるようになっている。

（2）ヨーロッパにおける二極化

しかし一方で、LGBTQの人権保障をめぐって、世界の二極化は深刻さを増している。しかも、その二極化はキリスト教社会である欧米諸国でも顕著になっている。こうしたLGBTQ差別キャンペーンは、ジェンダー平等を攻撃する政治的言説とも結び付いており、伝統的家族観や宗教的価値観に基づいている。

二〇二〇年一一月、欧州委員会は、欧州連合（ＥＵ）初となる「ＬＧＢＴＩＱ平等戦略二〇二〇—二〇二五」[2]を採択した。この戦略は、「ジェンダー平等戦略」[3]をはじめとする一連の人権保障の取り組みと連動しており、①差別との戦い、②安全の確保、③レインボウ家族の権利保護、④世界におけるＬＧＢＴＩＱの平等、の四つを柱とする。特に③では、加盟国間の同性パートナーシップや親子関係の相互承認が課題として掲げられている。二〇二一年、欧州評議会の平等・無差別委員会は、報告書「ヨーロッパにおけるＬＧＢＴＩの人々に対する憎悪の高まりとの戦い」を公表し、「ジェンダーは社会的文化的に構築される」という考え方を否定する言説（「ジェンダー・イデオロギー」と呼ぶ）を厳しく批判した。同報告書に基づき、二〇二二年一月、欧州評議会総会は、ＬＧＢＴの人権保障を目指す取り組みを「ジェンダー・イデオロギー」あるいは「ＬＧＢＴＩイデオロギー」と呼んで排除する政治的動向を厳しく非難した[4]（決議二四一七）。同決議は、ＬＧＢＴＩの人々への攻撃が特にハンガリー、ポーランド、ロシア、トルコ、イギリスで強まっていると警告している。

例えば、ポーランドの二〇二〇年大統領選では、「ＬＧＢＴは人間ではなく、イデオロギーだ」と公言する現職大統領が再選された。同国では多くの政治家が、婚姻を男女に限定して「父は男性、母は女性」と定める「家族憲章」に署名し、およそ一〇〇の地方議会が「反LGBTイデオロギー」宣言や「家族憲章」を採択している。[5] ロシアでも反LGBT法の制定が続いている。二〇一三年の同性愛宣伝禁止法（ゲイ・プロパガンダ禁止法）は二〇二二年改正で規制対象が広がっており、二〇二〇年の憲法改正で婚姻は異性婚を意味すると明記されて、同性婚が否定された。このような状況について、欧州人権裁判所は、同性カップルを法的に認めないことは欧州人権条約に違反するとの判断を示した（二〇二一年七月）。しかし、こうした判決への不満が政治的に利用されている現状である。[6]

（3）日本の立法と司法

二極化傾向が深刻化しているとはいえ、EUの主要国をはじめとして、婚姻平等の動きは着実にかつ不可逆的に進んでいる。これに比べると、日本の法整備は非常に遅れている。G7諸国の中で、同性間の婚姻あるいはパートナーシップを法的に認めていない国が日本だけであることは、G7サミット開催に先だってマスコミでもしばしば報道された。

東京オリンピック開催前の成立を期待されたLGBT理解増進法は、G7広島サミット後の二〇二三年六月にようやく成立した。しかし、同法は、原案である超党派合意案（二〇二一年）から著しく後退した内容のものとなり、当事者団体から大きな批判が上がっている。[7] ＬＧＢＴ理解増進法超党派合意案にはもともと婚姻平等に関する規定は含まれなかったが、今回成立したＬＧＢＴ理解増進法は、婚姻平等の動きをさらに抑制しかねない要素をもっている。まさに理論的対抗軸の構築が急務となっている。

国会の動きが緩慢であるのに対し、司法の動きは急速に変化している。「全ての人に婚姻を」をめぐる訴訟（婚姻平等訴訟）は、二〇一九年に全国五箇所で同時に提訴された。それら五件の訴訟のうち、一審では四件で「違憲」ないし「違憲状態」の判断が出された。これらの判決文を検証し、高裁・最高裁へと続く司法判断に対して、理論的にいかなる影響を及ぼすことができるかが、いま問われている。

3 本書の意義

シンポジウムでは、日本の立法・司法・行政・市民社会が直面している「婚姻平等」に関わる課題について、法学・社会学・政治学・司法実務の観点から複合的に論じようとした。第1部で総論的かつ現実的な日本の課題を整理し、第2部では国際比較について、国際人権法の枠組みを確認した上で、フランス、ドイツ、台湾の事例を検証し、同性婚を導入したときに、各国でいかなる法的理論構築が行われたのか、政治的背景はいかなるものであったのか、世論の動向にいかに配慮したのか、導入後の実態について論じた。

二一世紀国際社会では、ＬＧＢＴＱの人々に対する権利保障が進む反面、ヘイトクライムやヘイトスピーチも強まっている。ＯＥＣＤ諸国でＬＧＢＴＩの法的包摂性の度合いが最低レベル[8]とされる日本は、国際水準に合わせて法的保障を進めつつ、国内の政治的バックラッシュを抑制するという二重の課題を負っている。婚姻平等を「二一世紀の人権保障」として積極的に位置づけるためにはいかなる課題があるのか。本書を通じて、シンポジウム成果が広く市民社会に共有され、「同性婚のこれから」を考えるための手掛かりになれば幸いである。

【注・参考文献】

1　外務省　https://www.mofa.go.jp/mofaj/files/100507034.pdf

2　https://eur-lex.europa.eu/legal-content/EN/TXT/?uri=CELEX%3A52020DC0152

3　Gender Equality Strategy: Striving for a Union of equality https://ec.europa.eu/commission/presscorner/detail/en/IP_20_358

4 Parliamentary Assembly,Combating rising hate against LGBTI people in Europe,Resolution 2417 (2022) https://pace.coe.int/en/files/29712/html

5 小森田秋夫「ポーランド法の動向――２０１９年」『ロシア・ユーラシアの社会』一〇五二号、二〇二〇年。https://www.jstage.jst.go.jp/article/roseursoc/2020/1052/2020_61/_pdf/-char/ja

6 三成美保「人権としてのセクシュアリティ――トランスジェンダーの法的性別変更を中心に」『追手門法学』創刊号、二〇二四年。

7 三成美保「ＬＧＢＴ理解増進法の成立と今後の課題―トランスジェンダーの尊厳保障を中心に」『ジェンダー法研究』一〇号、二〇二三年。

8 経済協力開発機構（ＯＥＣＤ）編著（濱田久美子訳）『ＯＥＣＤレインボー白書――ＬＧＢＴＩインクルージョンへの道のり』明石書店、二〇二一年。

第1部
日本における婚姻の自由・平等

婚姻の自由・平等をめぐる憲法論——同性婚について

専修大学教授　田代亜紀

本稿では、シンポジウムの報告「婚姻の自由・平等をめぐる憲法論——同性婚について」をもとに、憲法学から同性婚について考えていきたい。

1　問題の前提

まず、同性婚について憲法学的に論じるということの前提として、婚姻制度に関する民法や戸籍法の諸規定は、同性の者同士の婚姻を明文で禁止しているわけではないものの、婚姻を「夫」と「妻」という異性間のものとして定めており、同性間の婚姻は認められていない、つまり婚姻届は不受理となってしまうことが挙げられる。なお、本稿では、法律上の婚姻を同性婚と表現することとする。憲法についていえば、詳しい条文は次に確認するが、憲法二四条が婚姻を「両性」のものとしているため、この時点で、同性婚を考える上で、憲法解釈の必要性があるといえるだろう。

さて、現在、日本各地で同性婚についての訴訟が進行している。二〇一九年二月一四日からは、性別を問わず結婚ができることを目指す「結婚の自由をすべての人に」訴訟が始まり、札幌、東京、名古屋、大阪、福岡の裁判所で争われている。この動向については、最後に参照したい。このように、日本において同性婚の訴訟が現在進行形でなされているが、アメリカにおいては、同性婚についての訴訟や動きが先行しており、二〇一五年にObergefell v.Hodges判決（Obergefell v. Hodges, 576 U.S. 644（2015）.）で、同性婚を禁止する州法に対する違憲判決が出され、市民の基本的自由としての「婚姻の自由」を、同性のカップルにも適用する判断がなされている。その後、保守派による反動があるものの、同性婚の権利を連邦レベルで擁護する「結婚尊重法」（Respect for Marriage Act）が成立している（二〇二二年一二月）。

では、次に、同性婚に関係する憲法の条文を見ていきたい。条文は、次の四つがある。

2　同性婚と憲法の条文

○憲法一三条　すべて国民は、個人として尊重される。生命、自由及び幸福追求に対する国民の権利については、公共の福祉に反しない限り、立法その他の国政の上で、最大の尊重を必要とする。

○憲法一四条一項　すべて国民は、法の下に平等であつて、人種、信条、性別、社会的身分又は門地により、政治的、経済的又は社会的関係において、差別されない。

○憲法二四条一項　婚姻は、両性の合意のみに基いて成立し、夫婦が同等の権利を有することを基本として、相互の協力により、維持されなければならない。

二項　配偶者の選択、財産権、相続、住居の選定、離婚並びに婚姻及び家族に関するその他の事項に関しては、法律は、個人の尊厳と両性の本質的平等に立脚して、制定されなければならない。

それぞれの条文がどのような権利を保障しているかを簡潔にいえば、まず、一三条は一般的に自己決定権や人格権を保障すると言われている。一三条後段の幸福追求権には、個人が一定の重要な私的事柄について、公権力から干渉されることなく、自ら決定することができる権利が含まれていると説明される。また、幸福追求権は、「個人の尊重」原理と結びついて、個人の人格価値そのものを重要な保護法益とするとも説明されている（樋口

陽一・佐藤幸治・中村睦男・浦部法穂『憲法Ⅰ』（青林書院、一九九四年）二七七、二九五頁）。

一四条は平等権・平等原則で、公権力は法や制度などを通して、国民を平等に扱うべきだと定められている。二四条一項は「婚姻の自由」を規定し（再婚禁止期間訴訟（最大判平成二七年一二月一六日民集六九巻八号二四二七頁）は、「婚姻をするについての自由は、憲法二四条一項の規定の趣旨に照らし、十分尊重に値する」と述べている）、二項は条文中にある「個人の尊厳」と「両性の本質的平等」が立法裁量を限定すると、判例上言われている（夫婦別姓訴訟（最大判平成二七年一二月一六日民集六九巻八号二五八六頁）、再婚禁止期間訴訟・前掲）。

では、この条文を基に、同性婚について憲法学説はどのように展開されているのか。ここでは、二つの観点から憲法学説を見ていくこととする。一つ目の観点は、この四つの条文を組み合わせて同性婚を擁護する立場である。もう一つの観点は、四つの条文のうち、特に重きを置く条文がある立場である。まず、一つ目の観点から、三つの主張を見ていくと、この四つの条文のうちどこに違憲性の重みを置くか、または条文に規定される権利の性格をどのように捉えるかについての差はあっても、四つの条項を組み合わせて同性婚の違憲性を論じる立場を確認することができる。

3　同性婚に関する憲法学説①――四つの条文を組み合わせて、違憲の主張をする立場

第一は、このGELEPOC（ジェンダー法政策研究所）の共同代表でもある辻村教授の学説である。辻村教授の議論では、憲法一三条について、家族＝公序と捉えるのではなく、幸福追求の場と解する立場からすれば、一三条違反論は成立しうるとされている。ただし、性的指向にしたがって婚姻する権利・自由が、憲法的権利として確立されているかどうかで、判断が分かれるとの指摘もなされている。

憲法一四条違反については、婚姻の利益の享受に関して差別を認める論理は妥当であるとされ、二四条一項についても、同項で婚姻の自由が保障されていると解する立場では、違憲の主張は可能であると私見を述べられている。二四条二項違反についても、世界的動向等、立法事実論により、同性婚を禁止若しくは不許可にしている現状を立法裁量の逸脱と捉えて違憲と解することは可能かつ有効とされている（以上については、辻村みよ子・齊藤笑美子『ジェンダー平等を実現する法と政治――フランスのパリテ法から学ぶ日本の課題』（花伝社、二〇二三年）を参照）。

次に、慶応大学法学部の駒村教授の立場を見ていく。なお駒村教授は、同性婚訴訟に意見書も提出している。まず、二四条一項は封建的家族制度との決別を宣言した条文であり、両性や夫婦の文言もその対等性を強調することで旧弊を打破するために書き込まれたため、同性婚を排除する条文と解釈するのは適切ではない。そして、憲法一三条により「一定の親密な関係に対する公的承認と法的保護を求める権利」が導きだされ、それが同性カップルに否定されていること、さらに異性カップルとの関係で一四条にも違反する。さらに、憲法二四条二項が示す「個人の尊厳と両性の本質的平等」という憲法的指針が立法裁量を画するとき、同性カップルが婚姻制度から排除されていることが生む様々な不利益や絶望は、「個人の尊厳」に照らして看過できない状況であり、現行家族法制は憲法が明文で要求する「個人の尊厳」に準拠して組み立てられていない違憲な制度である（参照、駒村圭吾「家族の憲法論、その不在について（下）」Webronza（二〇一九年五月二三日））。こうした議論が展開されている。

最後に、関西大学法学部の西村教授の論稿によれば、同性婚については、「婚姻の自由」ではなく、憲法一三条が保障する人格権の問題であるとされている。人格権とは、各人が自己の責任で個々の行動の自由によって創設した日常生活それ自体を守る権利と述べられ、性的指向は、名誉やプライバシーのように、自己の属性の一つで、性的指向に基づいて形成維持されている私生活は「より親密な個人的生活領域」に属し、国民一般の道徳観により介入される領域には属さず、人格権として憲法一三条により保障されていると述べられている。

一四条については、法律上の婚姻制度から同性カップルを排除することは、立法目的との関係で過小包摂といえ、憲法一四条一項に違反するとも述べられている。さらに、憲法二四条については、同性カップルに法律上の婚姻と同様の、もしくは何らかの法的枠組みを付与することは、憲法二四条の保障する、異性カップルに対する婚姻制度の侵害にはならないとされている（参照、西村枝美「同性婚の未規定性の憲法適合性―婚姻の自由ではなく人格権の問題として―」関法第六九巻第三号（二〇一九年）一五四―二〇四頁）。

次に、第二の観点から憲法学説を見ていく。この観点は、四つの条文のうち、特に重きを置く条文がある立場となっている。

4　同性婚に関する憲法学説②

ここでは同性婚訴訟に意見書を提出されている木村草太教授（東京都立大学法学部）の

見解を参照したい。木村教授の議論では、憲法二四条についての言及もなされているが、ここでは憲法一四条を中心に見ていくこととする。木村教授は、婚姻は生殖関係のみならず親密関係を保護する制度で、したがって生殖関係のある異性カップルと同性カップルを区別することも、生殖関係なき異性カップルと同性カップルを区別することも、合理的な理由がなく、憲法一四条違反であるというように議論されている。

訴訟において、国側の中心的な主張は婚姻制度が生殖関係の保護にあるということだが、先述の通り、婚姻制度は生殖関係の保護だけではない上、仮に生殖関係の保護とすれば、生殖関係のないカップルについてはどのように考えるべきか、ということになる。この点、木村教授は、生殖関係の有無で法律婚の存否を区別すれば深刻な差別になるため、それを国側は回避している。しかし、その深刻な差別の意識やその苦しみは、生殖関係なき異性カップルも同性カップルでも変わらないのではないかと指摘されている（参照、木村草太「生殖関係なき異性婚と両性婚の区別の合憲性」法律時報九四巻一〇号（二〇二二年）四－六頁、同「憲法上の権利総論：権利主体論の展開と個人の多様性」憲法研究一〇号（二〇二二年）三七－五〇頁）。

5　憲法学説のまとめ

以上、二つの観点から憲法学説を見てきた。以上をまとめると、さしあたり四つの条文を基に、または特定の条文に重きを置きながらでも、近年の憲法学説は同性婚を許容する立場が有力であるように考えられる。二四条の「両性」についての解釈も、同性婚を禁止する趣旨ではなく、家制度における戸主の結婚同意権の否定である、などその制定の経緯などから、婚姻の両当事者の合意があれば、それだけで婚姻が成り立つことを示したものであるとみる見解が有力であるように思われる。

このように、現在のところ同性婚に関して憲法解釈は、同性婚を認めない現行法制を違憲とする立場が有力になりつつあると思われるが、ただし、こうした憲法学説は同性婚について「許容」する立場が大半であり、「要請」ではないという指摘がある（辻村みよ子・齊藤笑美子、前掲書二〇一頁）。このことは、同性婚についての憲法学説が抱える理論的課題の一つと言えるだろう。他にも、次のような理論的な課題を指摘することができる。

6　憲法学説の理論的課題

同性婚についての憲法学説を踏まえて、その理論的課題を概観したい。まずは、条文選択について、その理論的背景も含めて課題の一つになるといえる。これまで見てきた憲法学説でも、条文の選択について考えさせられるが、つまり四つの条文のすべてを主張するのか、特定の条文に重きを置くのか、という問題があり、このことは訴訟においてはどのような法律構成で行くべきかという戦略的な判断にも絡むところだと思われる。条文の選択を考える上では、憲法二四条と一三条の関係性（家族は「公序」か、幸福追求か）という問題や憲法一四条を主張する前提として、実体的な権利を議論する必要性があるのかどうか、必要性があるとして、では実体的な権利とはどのような権利か、という問題が出てくると思われる。

この実体的な権利とは、具体的には憲法一三条から導くことのできる権利だと考えられる。この点、すなわち憲法一三条の権利が同性婚を擁護する上でどのような主張になるのか、理論的な深化が求められるところである。先ほど参照した西村教授は、アメリカにおいては、「婚姻の自由」が判例上確立しているものとして語られたが（前掲の Obergefell 判決）、日本の判例においてはそうした判例上の確立があるとはいえず、したがって同性婚については、「婚姻の自由」ではなく、憲法一三条が保障する人格権の問題であるとされている。

また、先のアメリカ合衆国の判例では「婚姻の自由」が非常に賛美されていたが、過度に「婚姻の自由」を強調することは非婚や離婚にスティグマを与えることになってしまう、これは価値づけの問題だと思われるが、そうしたことが指摘されている。

この点、上智大学法科大学院の巻教授は、こうした状況を踏まえて、だからこそ一四条だけで主張を構成する「平等単独戦略の魅力」があるというように論稿で述べられている。他方で、巻教授は、婚姻制度の中核には、親密な結合の相手の選択という人格的な選択があり、憲法二四条が定める個人の尊厳と平等に対する侵害については、憲法上の「婚姻の自由」に対する侵害と構成すべきだとされている。その点で、憲法一三条説が自己決定権として、「国家からの自由」を述べることは本質的であると述べられている。最終的に、「婚姻の自由権的構成戦略によれば、親密な結合の相手の選択という自律的な選択を、国家が異性に限定し、同性婚を否定することは、婚姻の自由に対する侵害となる」と結論付けられている（巻美矢紀「Obergefell 判決と平等な尊厳」憲法研究四号（二〇一九年）一〇三–一一五頁）。

さて、理論的課題に話を戻すと、同性婚に関する一三条の権利性として、人格権という構成なのか、自己決定権という構成なのか、駒村教授が述べられていた「一定の親密な関係に対する公的承認と法的保護を求める権利」なのか、このことも二四条一項の「婚姻の自由」への接続も含めて理論的な問題である。他にも、法政策的課題として、同性婚なのか、それに相当する法的枠組みなのか、といった取り得るオプションの問題も挙げられる。

図表１

	進行状況		裁判所の判断―条文
札幌	地裁判決 （令和３年３月17日）	棄却	13条―合憲 **14条―違憲** 24条１項―合憲 24条２項―合憲
東京 （第一次）	地裁判決 （令和４年11月30日）	棄却	13条―議論なし 14条―合憲 24条１項―合憲 **24条２項―違憲状態**
大阪	地裁判決 （令和４年６月20日）	棄却	13条―合憲 14条―合憲 24条１項―合憲 24条２項―合憲
名古屋	地裁判決 （令和５年５月３０日）	棄却	13条―議論なし **14条―違憲** 24条１項―合憲 **24条２項―違憲**
福岡	地裁判決 （令和５年６月８日）	棄却	13条―合憲 14条―合憲 24条１項―合憲 **24条２項―違憲状態**

７　現在までの裁判例の動向

以上、憲法学説を概観してきたが、現在進行中の訴訟動向を最後に見ていきたい。上の図のように、札幌、東京、大阪、名古屋、福岡の各裁判所での判断は、それぞれ少しずつ違いや特色があるように思われる。裁判所の判断（太字部分）を見ると、違憲や違憲状態というように判断に違いがあるだけでなく、条文に着目しても、違いが見える。

今回概観した通り、現在、同性婚についての憲法論は理論的課題も含めて活発になされており、こうした理論的研究を訴訟や社会の場にどのようにつなげていくか、今回のシンポジウムもそうした架橋の一つだが、今後も注視していきたい。

［参考文献］

木村草太「生殖関係なき異性婚と両性婚の区別の合憲性」法律時報九四巻一〇号（二〇二二年）四－六頁

──「憲法上の権利総論：権利主体論の展開と個人の多様性」憲法研究一〇号（二〇二二年）三七－五〇頁

駒村圭吾「家族の憲法論、その不在について（下）」Webronza（二〇一九年五月二三日）

辻村みよ子・齊藤笑美子『ジェンダー平等を実現する法と政治──フランスのパリテ法から学ぶ日本の課題』（花伝社、二〇二三年）

西村枝美、同性婚の未規定性の憲法適合性─婚姻の自由ではなく人格権の問題として─」関法第六九巻第三号（二〇一九年）一五四－二〇四頁

樋口陽一・佐藤幸治・中村睦男・浦部法穂『憲法Ｉ』（青林書院、一九九四年）二七七、二九五頁

巻美矢紀「Obergefell 判決と平等な尊厳」憲法研究四号（二〇一九年）一〇三－一一五頁

補論　シンポジウム後半のコメント

個人的には、同性婚に関して、憲法一三条の権利性を自己決定権として理解しても、人格権として理解しても、個人の尊厳を核として、強い権利性が認められると思われる。そして、その権利性が特別法的規定として憲法二四条一項の「婚姻の自由」につながるべきだと考える。そうした実体的な権利を基に平等論を展開することが重要ではないかと思う。

ここで少しもどかしいのは、夫婦別姓訴訟の最高裁判決に関しても言えることだが、制度的な思考、つまり婚姻制度を利用するという前提に権利が縛られる点がある。憲法一三条の権利性が憲法二四条一項にどのようにつながるかという点でも、この制度的な思考が関係するように思われる。ただ、婚姻制度は人格性が強く、個人の親密な結びつきを法制度化していると考え、憲法一三条や一四条、二四条一項、二項の憲法上の権利性を重んじるべきではないだろうか（参照、巻美矢紀「憲法と家族」論究ジュリスト一八号（二〇一六年）八六–九五頁）。

西山准教授からコメントがあった点、すなわち憲法二四条二項違反が付されていることの意味・意義については、やはり重要だと思われる。まず、憲法二四条二項が婚姻制度についての立法裁量を限定する役割を果たすことを裁判所が認めていることは大きな意義がある。つまり、婚姻制度の設計に関して、立法裁量は当然に認められるが、それが広範なものになりすぎないように、裁量を限定する手立てがあるというのは非常に大きいことだと思われる。

他方で、同性婚訴訟において裁判所が憲法二四条二項に言及するときは、救済方法として、現行の法律婚を同性カップルに開く道だけではなく、例えばパートナーシップ制度など婚姻類似の制度といった取り得る選択肢を多様だとして、それを立法府に委ねるという文脈で用いる点が気になっている。大阪地裁や東京地裁、札幌地裁などでそのように感じられる（参照、松原俊介「同性婚問題からみる平等の救済方法」法学セミナー八一八号（二〇二三年）一八－二三頁）。

以下のような指摘もこの点に関わると思われる。つまり、同性カップルの「婚姻」ではなく同性カップルの「家族」形成を主題化し、「同性婚」合法化というより「家族」を公証する新たな制度構築に問題をすり替え（格下げ）て、違憲状態と云っているような裁判所のアプローチを問題にすべきではないかという指摘である。

この点、「結婚の自由をすべての人に」訴訟の代理人によれば、同訴訟はすべての人に法律婚をということを目指しており、同性カップルが婚姻制度から排除されるという二級市民的な扱いに対する問題性を指摘している（三輪晃義「『結婚の自由をすべての人に』訴訟」吉原秀編著『代理人たちの憲法訴訟』（弘文堂、二〇二二年）一三二頁）。私も法律婚ではなく別制度にするということは、同性カップルの尊厳に関わるように思う。法律婚が大きく定着している日本において、別制度を設けるということは、「異なっている」「異なった存在」であるというような差別意識を疑ってしまうし、平等の問題になると思う。婚姻制度にアクセスできないこと自体が問題なのである。他方で、戦略的には何らかの立法措置を経て、最終的に同性婚に到達するということもあり得るのか、この辺りの判断は難しい。

いずれにしても、裁判所に対しては、立法裁量を限定する際に、尊厳や平等論、実体的権利が関わることとの認識を立法に強く促すようなアプローチを望む。そうした理由で、結論は報告と同様になるが、同性婚について、実体的な憲法上の権利が存在し、それについての平等原則違反があるという法律構成や議論がしっかりあることが重要であるように考える。つまり、憲法一四条の平等論はもちろんとして、憲法一三条と二四条一項を基礎として、「婚姻の自由」の権利としての重要性を理論的に深めていくことが重要であるということを、今後の課題として認識している。

コメント

同性カップルの婚姻の憲法的基礎づけに向けて

琉球大学准教授　西山千絵

1　同性間の婚姻に対する制約を憲法のどの条文に照らして問うか

「従来の家族生活においてはもっぱら家を中心とし家のためには個人の自由意思は犠牲となることを余儀なくせられていたが、新憲法はかく家を尊重する思想を封建的遺物として廃棄し、個人主義の思想を貫徹してもっぱら各人の人格を尊重し、男女の相愛によってのみ婚姻が有効に成立するものとした[1]」。日本国憲法の成立期における憲法二四条の解説では、婚姻は男女間におけるものと考えられてはいたが、「女子も自己の自由意思により[2]」婚姻ができるようになったことに、わが国にとっての同条の革新性があった。成年被後見人が婚姻、協議離婚をするのに、その成年後見人の同意を要しない点（民法七三八条、七六四条）でも、当事者の真摯な合意の存在こそ、新時代の法的婚姻の基本的要素であった。

その後、婚姻関係や個人の性的関係のありように関して、社会習俗において一般に「かくあるべき」と考えられたものは、大きく変化することとなった。合意に基づく成年者の結合に対する、社会の「かくあるべき」という道徳的ないし倫理的な認識の押しつけそれ自体、個人の尊重の観点から不断に問われなければならない。もっとも、最近の世論調査では、同性カップルを一定の婚姻制度によって保護することに肯定的な傾向が明確になっており、一連の同性婚訴訟は、国内の変わりだしていた認識を改めて確かなものにしていると考える。

本書では、田代教授が、憲法二四条が婚姻を「両性の合意に基いて」いるものとするところから、「両性」に関する解釈の必要性とあわせて、憲法一三条、一四条一項、二四条一項、二四条二項の四つの条項、あるいは適用条文の組み合わせをもとに、民法七三九条一項、戸籍法七四条一号など、同性間の婚姻（同性婚）を認めていない民法及び戸籍法の諸規定（以下、総称して「本件諸規定」という。）の違憲性を論じた憲法学説のいくつかの立場を整理し、とりわけ憲法一三条の線で理論的検討を加えている。本稿も、婚姻の拡張もしくは婚姻の創設に関する基礎づけに向けた、その問題関心に近づきたいと考えるものである。

おおよそ出揃った各地裁判決では、立法府への憲法的規律として、憲法二四条二項にかつてなく光が当たり、法律婚の法的効果の享受に照らして、同性カップルの家族化も保護すべき正当な理由があるとの判断傾向が明確になりつつある。ただ、同性カップルへの法的保護の不存在について違憲とする、あるいは道をつける判決であっても、同性カップルに保護の範囲を拡げる婚姻制度を再構築するのか、婚姻から派生する人格的利益を何らかのかたちで同性カップルが追求できるような一定の法制度を創設するのか、立法府にそうした選択の余地があることを前提にしている。たとえば、憲法一四条一項違反を認めた札幌地裁令和三年三月一七日判決（以下、単に「札幌地判」という。）では、「同性愛者のカップルに対し、婚姻によって生じる法的効果を付与する法的手段は、多種多様に考えられるところであり、一義的に制度内容が明確であるとはいい難く、どのような制度を採用するかは……国会に与えられた合理的な立法裁量に委ねられている」と述べ、また、憲法二四条二項・憲法一四条一項違反を認めた名古屋地裁令和五年五月三〇日判決（以下、単に「名古屋地判」という。）では、「自然生殖の可能性が存しない同性カップルに対して、いかなる保護を付与し、制度を構築するのが相当かについては、現行の法律婚制度をそのまま開放するのが唯一の方法とは限らず、当該制度とは別に、特別の規律を設けることによることも、立法政策としてはありうるところである」と述べる。つまり、同性婚の法整備をすすめる「婚姻」の段階的実現の限りでのみ、同性間の家族化を認めるパートナーシップ制度等の暫定的導入が正当化されるなどと、判示するわけでもない。各地裁判決の立論からすると、同性カップルを法制度により保護するべく、婚姻とは別のパートナーシップ制度へのアクセスを提供することとなっても（また、それを同性婚と形容しても）、合憲とする結論が導かれるようでもある。

各地裁判決では、異性カップルに対して、自由な婚姻を定める憲法二四条の保護と承認が直ちに導かれる一方で、同性カップルに対して、憲法二四条一項や、人格的自律権、人格権にかかる同一三条に依拠した、その家族化を支える憲法的基礎づけを積極的に行っていない。他方で、「婚姻ほど深遠なる結びつきは存在しない」とした合衆国連邦最高裁のObergefell判決（二〇一五年）のように、婚姻することの価値を再強化する議論が効果的かというと、どうか。たとえば、名古屋地判は、「婚姻には、……法律上の効果にとどまらず、事実上の効果として、婚姻制度を利用することにより、社会的な信用が形成され、信任が得られるなどの社会的な効果のほか、そうした地位に立ったことによる精神的心理的効果をも生じさせるものである」と指摘する。また、東京地裁令和四年一一月三〇日判決（以下、単に「東京地判」という。）は、「法律婚を尊重する考え方が浸透しているといえるのも、……婚姻による法的効果や社会内での公証を受けられることについての意義、価値が大きいと考えられていることの証左」とした上で、「同性愛者にとっても、パートナーと家族となり、共同生活を送ることについて家族としての法的保護を受け、社会的公証を受けることができる利益は、個人の尊厳に関わる重大な人格的利益に当たる」と指摘した。東京地判は、国立社会保障・人口問題研究所が二〇一五年に実施した意識調査の結果、「生涯を独身で過ごすというのは、望ましい生き方ではない」や「いずれ結婚するつもり」に賛成と回答した割合が相対的に高いことを挙げ、国民の間で法律婚のニーズが根強い点に着目している。ここに、同性カップルも含まれるわけである。婚姻の優位性を所与としつつ、国会の立法措置を促す違憲論が展開される可能性がないこともない。

もっとも、学説では、Obergefell判決に対し、「同性婚禁止を『平等』の問題として論じなかったことは、『性的指向による差別』の問題を先送りしたものとして批判されるべき」[3]として、その射程の狭さを指摘するものがある。異性カップルには認められる婚姻制度へのアクセスから、同性カップルは排除されることの差別的取扱い、もしくは性的指向に基づく差別的取扱いが、同性婚の不存在に表れていることを最たる問題として提起するならば、憲法一四条論を描くことはできない。実際に、名古屋地判では、「特に、家族に関する法制度の平等が問題となる場合においては、憲法一四条一項と憲法二四条二項の関係をどのように理解するかについては見解が分かれ得る問題であるとしても、両条項が保護しようとした法益に重なり合う部分が存することは否定できないと考えられる」として、憲法二四条二項の「家族」に関する事項にかかる判断で、異性間と同性間とのカップル関係の法的保護の落差を取り上げている。

2　婚姻を求める同性カップルのための憲法論

同性婚訴訟において、同性カップルが他ならぬ婚姻制度を求めていること、異性カップルと別異の取扱いを受ける理由はないと主張していることなど、どの文脈を特に重視するかによって、憲法論のアプローチは異なってくる。[4]非婚の自由への否定的影響を懸念し、法律婚制度が与える特権へのアクセスに関して懐疑的な立場にあった論者にとっても、いかにして、同性間の婚姻を支持する憲法論を編み出すかが問われている。

一般的にいえば、カップルの構成を問わず、法律婚を求めるカップルは、婚姻秩序の抑圧構造を支持し、その維持に加担して特権を享受しようとする存在という側面をもつ。そうであるとしても、婚姻による家族化を求めながら制度上排除されてきた同性カップルが、あえて考慮を求められたり、何かを強いられたりするのは違うであろう。憲法が、他者との自由な交友ではなしに、婚姻という家族化の問題を取り上げていることに鑑みるならば、本稿の関心は、同性カップルの婚姻が、異性カップルとの比較によらずとも、それ自体そのものとして、憲法的に認識され基礎づけられるという点にある。婚姻をする予定がないとか、特定のパートナーをもたない人々もいる。もとより、「婚姻／非婚姻の境界線の両側で保護に差をつける必要があるのかという問い[5]」があるように、誰しもが婚姻を望むわけではなく、カップルでいなければならないわけでもない。しかし、同性カップルが同居したり、養子縁組を結んだりするかたちでの結合のみならず、パートナーとの婚姻にも基本的制約がないという意味でも自由な社会の到来は、いわゆる「〔ヘテロ〕セクシズム[6]」的な家族・社会規範からの個人の解放につながっていくと考える。

立法府に対して、同性カップルに婚姻家族としての保護を与える制度構築を促すうえで、一連の同性婚訴訟における裁判所の違憲判決、違憲状態判決の数の重みは大きい。各地裁判決では、憲法二四条一項の「両性」を「両当事者」と読み替える解釈は採用されていない。ただし、福岡地裁令和五年六月八日判決（以下、単に「福岡地判」という。）では、憲法二四条一項の「婚姻」につき、「社会通念等の変遷により同性婚が異性婚と異ならない実態と国民の社会的承認がある場合には、同性婚は『婚姻』に含まれると解する余地がある」と明確に述べた。また、東京地判は、「現段階において、同性間の人的結合関係を異性間の夫婦と同じ『婚姻』とすることの社会的承認があるものとまでは認め難い」としたが、今後の社会状況の変化等を踏まえ、含みを残しているといえる。

「婚姻自体は、国家が提供するサービスではなく、両当事者の終生的共同生活を目的とする結合として社会で自生的に成立し一定の方式を伴って社会的に認められた人間の営みであり、私たちは、原則として、憲法二四条一項の婚姻はその意味と解すべきであると考える」（最高裁令和三年六月二三日大法廷決定（集民二六六号一頁、以下「令和三年夫婦同氏制大法廷決定」という。）宮崎裕子＝宇賀克也裁判官反対意見）。この指摘に照らしてみても、現代社会における婚姻の実態が変遷し、社会の婚姻観もまた変遷してきたことから、憲法二四条の「婚姻」に同性間の婚姻を含める解釈に向けて、展望を描けないわけではない。かつての婚外子の相続分差別規定を憲法一四条一項違反とした最高裁平成二五年九月四日大法廷決定（民集六七巻六号一三二〇頁）にみられた判断手法が、「種々の事柄の変遷」を取り上げつつ、「家族という共同体の中における個人の尊重がより明確に認識されてきたこと」（強調、引用者）、そうした「認識の変化に伴い、子を個人として尊重し、その権利を保障すべきであるという考えが確立されてきている」（強調、引用者）と、一定の時点でのいわば社会的見地を判断の中心に置いたものであった。これに相応して考えると、「同性婚を認める意識が広く浸透してきた」（札幌地判）こと、「同性婚に対する社会的承認」なり「国民の理解が相当程度浸透されていること」（福岡地判）は、重要である。地方自治体における同性カップルを対象とする登録パートナーシップ制度の全国的な広がりと日常的な運用、「性的指向及びジェンダーアイデンティティの多様性に関する国民の理解の増進に関する法律」（二〇二三年）の制定といった時間の経過から、各地裁判決後も日々、「変遷」は裏づけられている。

憲法二四条一項が異性婚を前提として規定されたとしても、時間に対して開かれた条項として、裁判所がそこに社会の変遷を反映した解釈を読み込むことは、矛盾ではない。二四条一項による最も直接的な基礎づけを、同性カップルの婚姻に与えうるならば、「現行法上、同性愛者についてパートナーと家族になるための法制度が存在しない状態にあることが憲法二四条二項に違反する状態」（東京地判）などと留保を設けず、きわめてシンプルなかたちで違憲性を導くことができる。しかし、各地裁判決はいずれも二四条一項違反を認めていない。その理由として考えられるのは、社会の認識をはかり客観的に説明することの難しさであり、また、「現行の法律婚制度と発生させる効果を完全に一致させるのか、特別の規律を設けて発生させる効果ごとに吟味し差異を許容するのか」（名古屋地判）、あるいは「同性間であるがゆえに必然的に異性間の婚姻や家族に関する制度と全く同じ制度とはならない（全く同じ制度にはできない）」（札幌地判）といった理解のもとで、婚姻と形容される民法の制度が二つ存することを二四条は許容する趣旨かという論点である。

3　同性婚のこれからと憲法一三条論の可能性

本件諸規定の違憲性解消に向けて要請される措置として、大きく三つの可能性がある。①異性カップルには婚姻制度、同性カップルにはパートナーシップ制度を創設すること、②異性カップルと同性カップルとで部分的に内容の異なる婚姻制度を創設すること、③異性カップルと同性カップルとで内容の異ならない婚姻制度を創設すること、である。たとえば、札幌地判の場合、「同性間の関係を婚姻として規律しなければならないという意味で同性婚を要請するもの」ではあるが、上記③に関連して、同性カップルと異性カップルとで同内容の規律をなすべきことの議論にはあまり成功していないとの分析がある。[7] 各地裁判決を通覧しても、「何らかの差異を許容した場合の制度にいかなる呼称を与えるのか

（婚姻と呼ぶのかその他の呼称とするのか）など、なお検討されてよい課題が存在する」（名古屋地判）というように、同性婚の具体的な輪郭については立法裁量の問題として十分に踏み込まれていない。

いかなる婚姻制度が設計されるべきかという関心と、差別偏見を許さないという関心とが交差する本件では、具体的にいかなる法的措置が要請されるかにつき、上記②の婚姻の実現でよいとする議論、上記③の同一の婚姻が達成されねば意味がないとの議論の間に、隔たりがある。総論として婚姻平等を支持する学説のなかでも、法的な実親子関係に特化した部分を必要限度の相違として合理性があると想定する論も、いわゆる「二級の婚姻」が創出される懸念を想定する論もある。上記②の二つの婚姻に関連して、保護されるカップルの性質を踏まえて認められるべき法的効果と、同じ「ラベル」の制度にアクセスできることと、保護されるカップルを「婚姻」カップルと呼ぶことと、区分して検討する学説があり、これがなければ平等な婚姻たりえないというゴールを絞り込む必要性が示唆され、大変参考となる。[8]

今後予定される高裁段階での訴訟は、憲法二四条二項違反中心の判断が重なる可能性がある。各地裁判決にあって、同性カップルの家族化に対する保護がなされないことを、憲法二四条二項違反と結びつける視点が有力視されることは、合憲判決であった大阪地裁令和四年六月二〇日判決（以下、単に「大阪地判」という。）において、「今後の社会状況の変化によっては、同性間の婚姻等の制度の導入について何ら法的措置がとられていないことの立法不作為が、将来的に憲法二四条二項に違反するものとして違憲になる可能性はある」と認められたところからも、うかがわれる。ここで改めて、同性カップルの結合のもつ憲法上の位置づけを欠くままに、上記①のパートナーシップ制度でも足りるとするような消極的なメッセージとともに、立法府の立法裁量が確認されてしまってよいのかという、本書の田代教授の問いを反芻したい。

大阪地判は、婚姻をした当事者の「人的結合関係が公的承認を受け、公証されることにより、社会の中でカップルとして公に認知されて共同生活を営むことができることについての利益（以下「公認に係る利益」という。）……は、婚姻した当事者が将来にわたり安心して安定した共同生活を営むことに繋がるものであり、……自己肯定感や幸福感の源泉といった人格的尊厳に関わる重要な人格的利益」であり、「個人の尊厳の観点からは同性カップルに対しても公認に係る利益を実現する必要がある」と述べた。この指摘は、現代における婚姻の意義を明らかにしたものといえる。ただ、各地裁判決では、公認に係る利益や類似の法的利益は、憲法上直接保障された権利とまではいえない人格的利益とされ、憲法一三条に絡んだ基礎づけは支持をまったく得られていない。

憲法一三条からのアプローチを考えるにあたって、同性婚訴訟ではないが、ハンセン病家族訴訟（熊本地判令和元年六月二八日判時二四三九号四頁）に、本稿は大きな示唆を得た。同訴訟は、ハンセン病患者の家族らが隔離政策によって、差別偏見のために家族関係の公表を憚ったり、家族との接触に心理的葛藤を抱くようになったり、かえってハンセン病患者から没交渉にされたりと、家族間での健全な関係構築が阻害されたりした、回復がきわめて容易でない喪失の問題にかかわる。「憲法一三条は、個人の尊厳と人格に密接に関わる人格的生存に不可欠な権利として、人間が生活する色々な場面における個人の尊厳、人格形成が阻害されることなく社会内において平穏に生活する権利を保障して」いるとして、ハンセン病患者家族の有する同権利の制限が認められ、「ハンセン病患者家族の家族関係を形成する権利が侵害された以上は、かかる権利侵害を除去する義務が認められるのは当然」[9]と判示された点が、目を引いた。

熊本地裁判決では、夫婦関係について、その形成が阻害された不利益は、憲法二四条一項違反と認められたが、同居をはじめとする家族関係形成については、憲法一三条で保障された権利として読み込む方向性が示されている。国の政策の失敗による喪失を抱えたハンセン病患者やその家族を前に、人間の生にとって、家族関係は仮初めの縁にすぎないと片付けることは許されないと解するからこそ、個人の尊厳と不可分な人格形成と、家族との一段と濃密な人格的交流の価値が評価され、憲法一三条の人格権に立脚した人的結合の要保護性が確認されたわけである。家族の関係は国が破壊することはできても、いったん壊れた関係を国が修復することは難しい。このことと、同性カップルが、婚姻を通じた関係形成から制度上、長らく遠ざけられていたことを重ね合わせ、その喪失の問題を掘り下げられないかとも考えた。しかし、裁判は理論を探求する場ではなく、訴訟当事者の人生がかかっている。もっぱら同性愛者を公表する同性カップルによって遂行される同性婚訴訟においては、二四条一項との接続はもとより、同条二項単独の適用の確実性に比しても、憲法一三条を軸とした効果的な議論が精錬されるのを待つ時間的余裕はなさそうである。

4 婚姻を求めてなぜ悪い——未熟で弱い個人として「婚姻」を求める生の切実さ

「家庭が子の幼い日々を守る暖かい繭としての機能を果たすためには、法が家庭を守らなければならない」[10]。家族は、成人による合意に基づく人的結合であると同時に、その子どもにとっては養育される場である。かかる観点からすると、家族がどのように結合することが子にとって「繭」を喪失する危険を避けうる養育環境となるか、という未成年子の観点も家族の制度設計には含まれるべきであろう。ただ、合意に基づく家族形成に関しては、「非対称性がないか少ないと想定できる関係性においては、当事者の合意に委ねてよいところが多いだろう。……乳幼児・子の養育、高齢者の介護等の非対称性が前提である関係性においては、強行法規として設定する必要のある部分が出てくる可能性はより大きい[11]」。

他者に頼らず自立した生活を送れる個人にとって、婚姻が選択の問題であるのと異なり、物理的、特に精神的に他者に依存する、ある意味で未熟な個人にとって、「同居し、互いに協力し扶助」（民法七五二条）する「婚姻」と呼ばれる強い関係は、生活の質に直結する意義をもつ。ここで念頭におくのは、たとえば、社会での生きづらさがあったり、老化や病状の進行によりできることが少なく心細かったり、実親や友人との関係が発達せず自分の家族への執着が強かったり、精神的な不安を抱える個人がひとりでは寂しいとパートナーを探し、助けを求め、甘え、「捨てられる危険[12]」を捉え、その先に家族としての最も強い依存関係の保護を国に求めうることである。それを「あるべき個人の姿ではない」と、自律した個人としてのあたらしい生き方を迫るのは、「不可避の依存状態にある者[13]」と自らを受け入れる個人、さらにはこうした個人と結合しようとする個人のありようを排除することではないか。ひとり暮らしが厳しい未熟で弱い個体、〝自立しない〟個人にとっての人的結合こそが、憲法学にとっての「婚姻」（将来的にそれ以外の呼称となるにしても）の自由であり、家族の主題ではないのか。[14] そのような人的結合への参入要求それ自体は、社会格差を伴うかたちで生き方の多様化、多層化が進むなかで、異性カップルであると、同性カップルであるとを本来問わない。

同性カップルが婚姻を求めてなぜいけないか——という出発点に立ち戻ると、個人の尊重原理との連関が示唆されるところであり、（婚姻に限らないが）誰と共同生活関係を形成するかの人格的自律に深く関わる自由と当該共同生活への配慮という点で憲法二四条を先導する、憲法一三条論との組み合わせの深化に本稿はしばらく期待をもってきた。[15] 当事者が互いの合意によって共同生活関係を営むことは、婚姻カップルのみではなく、事実婚を求めるカップル、ケア関係の家族化などの、多様な形態を伴った共同生活へのニーズをもとに、自由意思の下で家族化を求める人々への保護を射程に入れた議論となりうると考えたためである。親子関係や祖父母関係、兄弟姉妹関係等の家族関係は、自らの自己決定によって家族化したものではなく、むしろ血縁家族こそ偶然的な関係であって、婚姻関係はそれと異なり、成人の合意に基づく、いわば意図的な関係である。自由意思からはじまる婚姻関係も、本質はいずれ変わらぬ「家族」ということなのか。「人格に関わるところで契約を語ることは可能なのか、意味をもつのかという問題[16]」を前に、もはや本稿の能力的限界は超えており、個人の尊重／尊厳や人格権との関連に十分な考察に至らぬまま小稿を閉じざるを得ない。ひとえに個人が婚姻を求めること、それ自体を賛美するのではなく、ただ肯定するための憲法論を模索していることを、付言しておきたい。

（注記）本稿は書籍化の元となったシンポジウムで「コメント」として報告した原稿を、質疑応答を踏まえて、大幅に追記修正したものである。

【注・参考文献】

1　美濃部達吉（増補・宮澤俊義）『新憲法逐条解説（増補版）』（一九五六年、日本評論新社）（新装復刻版：日本評論社、二〇一八年）八五頁。

2　同上。

3　植木淳『平等原則と差別禁止法理』（成文堂、二〇二三年）三二三頁。また、憲法上の権利としての「婚姻の権利」に関する合衆国の議論状況を丹念に示された、同三一四-三二三頁参照。

4　たとえば、憲法一三条の保障する人格権との関連から、「憲法解釈論として諸個人の『親密な結合の自由』と矛盾しない範囲での家族制度・婚姻制度を構想することが必要となる」と指摘する、植木・前掲・三五四-三五八頁、三六六-三六八頁参照〔三六八頁〕。

5　松田和樹「婚姻とそうでないものとの境」法律時報九四巻六号（二〇二二年）六〇頁。

6　竹村和子『愛について――アイデンティティと欲望の政治学』（岩波書店、二〇〇二年）三六頁。括弧をつけた〔ヘテロ〕セクシズムと形容する理由について、三七頁参照。

7　今野周「同性婚訴訟判決についてのノート――札幌地裁令和三年三月一七日判決は同性婚を要請しているか」東京大学法科大学院ローレビュー一七号（二〇二二年）六九-七〇頁を特に参照〔四三頁〕。同四二頁は、「①同性間の関係を（パートナーシップなどではなく）婚姻として規律すること、②同性間と異性間の規律で内容が原則として等しいこと、の二つ」の問題に分けて、上記①を肯定する立場を「形式面での積極説」、上記②を肯定する立場を「内容面での積極説」、同性間の規律が異性間と原則等しいとは言えないとする立場を「内容面での消極説」と呼ぶ。各判決がどのレベルでの違憲論を示していたかを理解する上で、重要な整理であった。

8　大島梨沙「『同性婚』に付与されるべき法的効果とは何か――札幌地裁令和三・三・一七判決を契機として」法学教室五〇二号（二〇二二年）二七-二八頁を特に参照。

9　「国による基本権保護義務を……判示に読み込むことも不可能ではあるまい」（山崎友也「判解」ジュリスト一五四四号（令和元年度重要判例解説、二〇二〇年）一五頁。熊本地裁判決は、ハンセン病患者とその家族との家族関係の回復・修復に関連して、国のハンセン病患者家族に対する「正しい知識」の教示及び啓発義務を認めているが、基本的には、「ハンセン病隔離政策等の廃止義務及び偏見差別除去義務によってその阻害要因は除去される」とする。
10 水野紀子「団体としての家族」ジュリスト一一二六号（一九九八年）七六頁。
11 池田弘乃「ケア関係から見た婚姻制度の再検討に向けて」山形大学法政論叢七〇・七一合併号（二〇一九年）一四一頁。
12 水野・前掲注（10）七六頁。
13 池田・前掲注（11）・一五一頁。
14 池田・前掲注（11）・一五七頁は、憲法二四条二項に着目し、「『法律は……』という表現は、契約に委ねえない部分、すなわち新たな多様な家族の中における弱者（典型的には他者のケアに依存する者）の保護について、実効的な保護法制が準備されるべきことを規定するものとして役割を果たす」と期待する。ここでは、「むしろ婚姻の廃止こそが『個人』に立脚した家族法の出発点となるのではないか」（同頁注二六）という、婚姻廃止論が基礎にあることが重要である。同・二五九頁も参照。本稿としては、婚姻という形式が唯一とは考えないが、婚姻という形式に即応した内容か、それ以上の内容の家族の保護は、その名称がどうあれ、引き続き憲法上約束され続ける必要があると考える。
15 西山千絵「婚姻の自由の拡張か人的結合への自由か——婚姻を求める同性カップルをめぐる二つの地裁判決から考える」ジェンダー法研究九号（二〇二二年）二七頁。
16 池田・前掲注（11）・一五〇頁。

核心部にさしかかる「結婚の自由をすべての人に」訴訟

弁護士　中川重徳

裁判の現段階

「結婚の自由をすべての人に訴訟」が「核心部」にさしかかっている。

同訴訟は、二〇一九年、法律上同性でも婚姻できる法律婚制度を求めて、札幌、東京、名古屋、大阪の五つの地方裁判所に提起され、現在三五名の原告によってたたかわれている。[1]

1　違憲判決の流れ

二〇二三年六月までに全国五つの地裁で判決が出され（資料1）、以下のとおり、うち四つの判決が、現在の法律を違憲ないし違憲状態とする判決であった。

①　札幌地裁（二〇二一年三月一七日）「同性愛者に対しては，婚姻によって生じる法的

効果の一部ですらもこれを享受する法的手段を提供しないとしていることは，合理的根拠を欠く差別取扱いに当たり憲法一四条一項に違反する」（三二頁）

② 大阪地裁判決（二〇二二年六月二〇日）後述

資料１

あいつぐ違憲判決

地方裁判所	判決日	違憲性	
①札幌　(6)	2021・3・17	○	14条 違反
②大阪　(6)	2022・6・20	×	（将来違憲の可能性）
③東京　(7)	2022・11・30	○	24条2項 違反状態
④名古屋　(2)	2023・5・30	○	14条・24条2項 違反
⑤福岡　(6)	2023・6・8	○	24条2項 違反状態
⑥東京２次(8)	2024		2024・3・14 判決言渡予定

③ 東京地裁（二〇二二年一一月三〇日）「現行法上、同性愛者についてパートナーと家族になるための法制度が存在しないことは、同性愛者の人格的生存に対する重大な脅威、障害であり、個人の尊厳に照らして合理的な理由があるとはいえず、憲法二四条二項に違反する状態にある」（五二頁）

④ 名古屋地裁（二〇二三年五月三〇日）「本件諸規定が、同性カップルに対して、その関係を国の制度によって公証し、その関係を保護するのにふさわしい効果を付与するための枠組みすら与えていないという限度で、憲法二四条二項に違反すると同時に、憲法一四条一項にも違反するものと言わざるを得ない。」

⑤福岡地裁（二〇二三年六月八日）「同性カップルに婚姻制度の利用によって得られる利益を一切認めず、自らの選んだ相手と法的に家族になるための手段を与えていない本件諸規定はもはや個人の尊厳に立脚すべきものとする憲法二四条二項に違反する状態にあると言わざるを得ない」

婚姻という誰もが知っていて家族制度の中核をなす法制度について、このようにたて続けに違憲判断が下されることは極めて異例と思われる。違憲とならなかった②大阪地裁判決（二〇二二年六月二〇日）も、「社会状況の変化によっては、同性婚について法的措置がとられていないことが将来、憲法二四条二項に違反する可能性がある」と述べている。訴訟によって公正な社会の実現をめざす政策形成訴訟として大きな成果である。

2　一連の判決の問題点

しかし、原告らが求めているのは、何らかの意味で法律上の家族となればいいということではなく、端的に現行の婚姻を同性カップルにも開放することである。各判決はこの点にどう答えたか。

たとえば札幌判決は「婚姻によって生じる法的効果」を問題とし、その一部ですらもこれを享受しえないことをもって現行法を違憲とした。他方、「同性愛者についてパートナーと家族になるための法制度が存在しないこと」（東京）、「その関係を国の制度によって公証し、その関係を保護するのにふさわしい効果を付与するための枠組みすら与えていないという限度」（名古屋）という言い方で制度の不存在を問題とする判決もある。福岡判決は法的効果と制度不存在の両面を言う（三七頁）。

しかし、共通するのは、各判決とも、問題の解決方法として婚姻とは別の制度とする余地を認める点である。

【札幌】「同性愛者のカップルに対し、婚姻によって生じる法的効果を付与する法的手段は、多種多様に考えられるところであり、一義的に制度内容が明確であるとはいい難く、どのような制度を採用するかは、国会に与えられた合理的な立法裁量に委ねられている。」（判決三四頁。四〔国賠法上の違法性〕（二））

【東京】「しかしながら、そのような法制度を構築する方法については多様なものが想定され、それは立法裁量に委ねられており、必ずしも本件諸規定が定める現行の婚姻制度に同性間の婚姻を含める方法に限られない（現行の婚姻制度とは一部異なる制度を同性間の人的結合関係へ適用する制度とする方法や、同性間でも利用可能な婚姻に類する制度を別途構築する方法を採ること等も可能である。）ことからすれば、同性間の婚姻を認めていない本件諸規定が憲法二四条二項に違反すると断ずることはできない（東京判決五二～五三頁。二（三）〔憲法二四条二項適合性〕ウ（オ））。

【名古屋】「自然生殖の可能性が存しない同性カップルに対して、いかなる保護を付与し、制度を構築するのが相当かについては、現行の法律婚制度をそのまま開放するのが唯一の方法とは限らず、当該制度とは別に、特別の規律を設けることによることも、立法政策としてはありうるところである。」（名古屋判決三三頁。二（二）〔憲法二四条一項適合性〕ク）

【福岡】「しかしながら……婚姻とほとんど同じ法的効果を同性カップルに与える登録パートナーシップ制度は、同性間の人的結合に法的権利義務や公証の利益を与えるものとして、その内容次第では婚姻制度の代替となり得るものであり、同性婚についてこのような婚姻制度と異なる制度を設けるか否かについても、立法府における議論に委ねることが相当である。……以上によれば、同性間の婚姻を認めていない本件諸規定が立法府たる国会の裁量権の範囲を逸脱したものとして憲法二四条二項に反すると

までは認めることができない。」（福岡判決三七頁。二（五）〔二四条二項適合性〕ウ）

このように、各判決は、憲法上同性間の関係を保護する方法は現行婚姻制度の開放に限定されず立法府に裁量があると考えている。

3　私達の課題

人の性は多様であり、人が人生をともにしようとする相手は、法律上異性であることもあれば同性であることもある。そのように法律上同性のパートナーと暮らす人々にとって、自分たちの関係が男女の夫婦と同様に法的に家族として認められることは長く望まれてきた切実な願いである。一九八六年にレズビアン女性たちが行ったアンケートには二三四名が回答し、二〇代と三〇代の多くが「同性の恋人又は友人と」暮らしていると回答し、「好きな人といっしょに暮らしたいという願望は、異性愛・同性愛を問わない（はずだ）」、「私達は、一人の女の子を育てております。生活は何ら変わりないのに、ストレート〔註・異性愛者〕の家庭とレズビアンの家庭では、擁護が全然違う」、「男女のカップルとほとんど同じなのだから，法的保護もあって当然だ」等の声が寄せられている。[2]

資料２

Ｇ７諸国～同性カップルの法的保護

カナダ		2005婚姻法制化
フランス	1999PACS	2013婚姻法制化
イギリス		2013婚姻法制化
アメリカ		2015連邦最高裁判決で全州婚姻可
ドイツ	2001パートナーシップ,	2017婚姻法制化
イタリア	2016パートナーシップ	
日本	婚姻無し。法律上の家族となる制度無し	

同性間の婚姻を法制化した国がまだ存在しなかった一九八〇年代から四〇年近くが経過し、性的指向や性自認という属性によって人格の価値に差が無いことは共通認識となり、二〇二三年六月に成立した性的指向及びジェンダーアイデンティティの多様性に関する国民の理解の増進に関する法律第三条は、性の多様性に関する理解増進の施策が「全ての国民が、その性的指向又はジェンダーアイデンティティにかかわらず、等しく基本的人権を共有するかけがえのない個人として尊重される」との理念にのっとって行われるべきことを定めている。また「性的マイノリティの権利保障は，国連の人権施策における主流に位置づけられている」[3]。広く知られるとおり、Ｇ７諸国においては法律上同性間でも婚姻できることが標準と言うべき状況である（資料２）。

それにもかかわらず、法律上同性どうしというだけで婚姻という社会の重要な制度から排除され法的保護と尊厳を奪われ続ける。千葉勝美元最高裁裁判官が「『掛け替えのない個人の尊厳に関わる喜び』を享受できないという深刻な状態」「(憲法)一三条の幸福追求の権利が損なわれている状態」と指摘する状況がいまもある。[4] すべての人が個人として尊重され(一三条前段)人と人は平等である(一四条一項)ことを基本原理とする憲法が、そんな不条理を許すはずがない。原告らが裁判に取り組む原点と希望はこの確信にある。「結婚の自由をすべての人に」訴訟は、スタートダッシュで大きな峰を越え、いま、「憲法は法律上異性でも同性でも婚姻制度が開放されることを命じている」こと、「同性カップルが直面する人格的生存に対する重大な脅威、障害は、婚姻の開放・包摂によって解決されねばならない」ことを憲法解釈として獲得することをめざす「核心部」に至っている。

私たちは本件訴訟で、多様な年代、性別、性的指向・性自認、家族構成(子を養育するカップルもいる)、居住地域の原告らそれぞれの幸福追求の姿と、婚姻から排除される不合理、他方自治体・企業・市民社会の取り組みの進展、ゆうに過半数を越える国民(女性、若年層では八割前後)が婚姻平等の実現を支持していること等の多様な社会的事実を主張・立証しているが、本稿では、憲法解釈上の問題を提起したい。

4 新たな憲法二四条一項解釈の必要性と可能性

（1）二四条一項の保護を否定する判示に理はあるか

憲法二四条一項は「婚姻をするについての自由」を定めそれは「十分尊重に値する」というのが最高裁判例である（最大判平成二七年一二月一六日民集一六巻八号二四二七頁・再婚禁止期間違憲訴訟判決）。各判決は、この判示を共通して援用しながら、しかしそれが同性間に及ぶことは否定する。各判決がその根拠として論ずるのは、①二四条の「両性」「夫婦」の文言と、②法律上同性カップルへの適用がおよそ議論されていないという「制定経緯」である。しかし、少なくとも、東京、名古屋、福岡の各判決は、問題がそれで終わらないことを知っている。各判決は、「同性愛者等を取りまく社会状況に大きな変化があることを踏まえれば、今日においては憲法二四条の「婚姻」に同性間の婚姻を含むものと解釈すべきとの主張を直ちに否定できない」（東京四〇頁）等としながら、たとえば東京は、婚姻として認められるためには社会的承認が必要であると論ずる（三九頁）。そして、伝統や生殖の議論を持ち込む。名古屋判決は、正面からそのような基準を立てないものの、「婚姻制度は伝統的には男女の結合関係を前提としてきたものであり、婚姻制度の趣旨に対する理解において、依然として自然生殖の可能性と完全に切り離されたとは言えない状況にある」「伝統的な制度及び価値観を重視する立場の国民も一定の割合を占めている中で、……現行の婚姻制度の対象をそのまま拡大させることにより、婚姻当事者以外の者や既存の婚姻制度の適用対象者に影響が生じるにもかかわらず、同性カップルを保護するために現行の法律婚制度以外の方法を選択するという可能性を排除して、憲法が一義的に、同性間に対しても現行の法律婚制度を及ぼすことを要請するに至ったとは解しがたい」（三五頁）と述べる。同じ根拠で婚姻の可否についての区別の合理性を肯定し、憲法十四条適合性を認める（四五頁）。

しかし、このような議論は到底説得力あるものではない。

第一に、憲法は、伝統や社会通念を無批判に法律や法制度の前提とすることを認めない。人間が、時にその未熟さ故に少数者の人権を看過し大きな禍根を残すことを知っているからである。従前の伝統や社会通念は「個人の尊厳」に照らして吟味されることが求められる（最大決平成二五年九月四日婚外子相続分差別違憲判決・理由三（二））。

そして、第二に、婚姻を生殖に単純化する議論は上記憲法の吟味に耐ええない。各判決は、婚姻が生殖や養育のための重要な器の役割を果たしてきたこと（a）を言う。そこに伝統的価値観の根拠があると言う。しかし、本件の問題は、上記（a）の当否ではない。

（a）の事実から、婚姻制度において生殖だけが重要であるとか、生殖をしない人には保護が及ばない等と言えるかどうか（b）なのである。男女についてであれば、そんな短絡を認める者はいない。生殖がいかに重要でも、それは婚姻が果たす役割の一つであり、婚姻には、真摯な親密関係の保護という役割が間違いなくある（東京判決四五頁、名古屋判決四二頁）。自然生殖をしない／できない人の婚姻に社会的承認が無いなどという議論は、性的マイノリティに限らない、多くの男女を傷付け居場所を無くす。それだけではない。婚姻を自然生殖に単純化して論ずることは、「子どもを産むのは女性である」、「子どもを産んだり育てることは女性の仕事」、結局、「女性の価値は子どもをうみ育てることにある」という議論に行き着く。個人の尊重をうたう憲法とは相容れない議論である。しかし、同性カップルについては、裁判所が堂々とそれを言う。そう考える社会通念を否定できないと言う。なぜそのようなダブルスタンダードが許されるのか。やはり同性カップルを異質な存在という前提に無意識で立つからである。制度の内にある人には向けられない問いが外からくる同性カップルには向けられ、排除の根拠とされる。

しかし、婚姻の自由が憲法上「十分尊重に値する」のはなぜか。人と人が人生の途上で出会い共に生きてゆこうとする時に、その関係を保護するために権利と義務を集合的に与え公証する、そのような仕組みがなければ、人が社会を尊厳ある存在として生き幸福追求することは現実に困難であり、人格的自律の存在として尊重されたとは到底言えないからである（それが民主主義社会の土台である社会の多様性の確保となるという意義も無視できない）。それは人が人である以上奪われてはならない権利である（旧民法起草者が、婚姻について「各人天賦の権利」と論じて禁治産者の婚姻能力を否定する議論を排していることは示唆的である）[5]。そして、人の性は多様で人と人に人格価値の重みの違いはなく、実際上同性カップルと異性カップルの共同生活は、「婚姻の本質」に照らしてかわらない（各判決）。ならば、同性カップルは、本来、婚姻制度の保護を受けるべきであったのに、人智の未熟（同性愛＝精神疾患、侮蔑の対象）故に、排除されたのであり、それを本来の姿とするかどうかが今問われているのである。誰かが外から来るのでは断じてない。ダブルスタンダードを深く考えずに婚姻を生殖に単純化する各判決を私達は強く批判する必要がある。

第三に、各判決が言及する「（同性間の婚姻を可能にすると）婚姻当事者以外の者や既存の婚姻制度の適用対象者に影響（する）」「婚姻制度全体に対する影響」といった議論については、本日他の報告においても批判的言及があると思われるが、各判示は、いずれもきわめて抽象的かつ漠然とした危惧を言う。そこでは、性的指向や性自認によって人格や共同生活の価値、保護の必要性について違いが無いことへの思いがまったく無い。「同性婚に対する否定的な意見や価値観を持つ国民は少なからず存在するが、圧倒的多数派である異性愛者の理解又は許容がなければ、同性カップルが婚姻による法的効果を受けえないとするのは、同性カップルの保護によって我が国の伝統的な家族観に多少なりとも変容をもたらすであろうことを考慮しても、異性愛者と比して、自らの意思で同性愛を選択したのではない同性愛者の保護にあまりにも欠ける。」との札幌判決判示は、このような漠然とした危惧に基いて婚姻の自由の保護を否定する議論にも妥当する（同判決二九頁）。

このように考えると、各判決は、憲法二四条一項について、同性カップルにも保護を及ぼす解釈が否定される理由を示し得ていない。

（2）改めて二四条一項解釈を考える

各判決は二四条一項の文言と制定経緯を論じる。しかし、各判決が論じる制定経緯は、同性カップルを保護すべきだという議論が無かったということだけである。それが当時の誤った知見の故であるという問題はここではおく。問いたいのは、憲法解釈に意味を持つ制定経緯とはそういうものだけなのかという点である。

確かに同性間の保護は、文言にも制定経緯にも顕在しない。しかし、いま、憲法二四条一項とそれを導いた二四条二項の力強い文言を読み返せば、そこに、人が人生で出会った望む相手と婚姻をなし得ることは人がその人らしい人生を生きるうえで不可欠なのだ、従って、望む相手と婚姻しうることこそ婚姻制度の核心であり、さらには、「当事者が永続的な精神的及び肉体的結合を目的として真摯な意思をもって共同生活を営む」という「婚姻の本質」（最大判昭和六二年九月二日民集四一巻六号一四二三頁）に合致する限り、「できる限り多くの国民が利用できる婚姻制度を構築すべきである」[6]という憲法の熱い要請・法理が脈打っている。制定経緯として重要なのは、このような普遍的法理が二四条一項誕生の背後にあることではないか。二四条一項は、制定当初念頭に置かれた男女の婚姻についてと同時に、より普遍的な上記法理をもともと定めていると解される。人の性に関する人智が未熟であった当時と異なり、その多様性が共通認識となった今、二四条一項は上記普遍的法理の働きによって同性異性を問わず婚姻の自由が及ぶべきことを私たちに命じているはずである。

5　憲法二四条二項と一四条

たとえば東京判決は、同性カップルが家族となる手段が無いことは憲法二四条二項に違反する状態と断じながら（五二頁）、違憲状態を解消する方法は多様なものが想定され立法裁量だとして、婚姻から排除すること自体が憲法二四条二項に反すると言わない（五四頁）。

しかし、「人格的生存に対する重大な脅威、障害」と違憲の状態は婚姻ができないことで生じている。そして、各判決が原告らの尋問に依拠して認定するとおり、共同生活の実態は同性間でも異性観でも異ならず同性間でも「婚姻の本質」に合致した関係が存在する。ならば、端的に婚姻に包摂すべきではないのか。原判決は諸外国が別制度を採用した歴史に言及する。しかし、これらの国の多くは、今では別制度を廃止する等して婚姻制度を実現している（現在、三四の国と地域と言われる）。それは、別制度のみとする法制はうまく機能せずむしろ大きな弊害があったからである。

人生は有限である。東京原告には、仕事帰りに倒れ、パートナーと法律上の家族となるという夢を果たせないまま帰らぬ人となった者がいる（このケースでも医師はパートナーへの病状の説明を拒んだ事実がある）。日本が諸外国の失敗の経験を繰り返すことは愚かであり憲法はそれを許さないはずである。

なにより、性的マイノリティは長く差別にさらされてきた。そのような人々をわざわざ、呼び名、届出・登録・管理・利用方法といったあらゆる場面で違いを避けらない別制度にするのは、国が、あらためて、性的マイノリティは異質な外来者であり、劣った存在だというメッセージを発するのと同然である。憲法二四条二項は、配偶者の選択はじめ婚姻の法律は個人の尊厳に立脚することを命じている。わざわざ二級市民を作り出す法制を同条項が許すはずがない。また、平等原則の出発点は人格価値の平等であり、身分により人と人を差別する制度の否定はその典型である。国が二級市民を作り出す法制度は憲法一四条にも違背する。このように、憲法の重要な基本的規定と衝突するにもかかわらず、それ自体が人格的生存に関わる重要な利益である婚姻へのアクセスを否定する制度を、「両性」等の文言や婚姻が長く男女のものであったこと、また社会に「同性婚」法制化への反対意見が存在するといった理由だけで正当化することは到底困難である。

6　さいごに

違憲判決の連続を経て、「結婚の自由をすべての人に」訴訟は「核心部」にさしかかっている。この裁判が公正な社会の実現に資する内実をもちながら目的を達成するために、研究者のみなさま、市民の皆さまの応援を心からお願いする次第である。

［注・参考文献］

1 各地訴訟の経過と原告プロフィール、主張書面、専門家意見書、判決等関連資料は「公共訴訟支援サイト call4」にて参照いただきたい。https://www.call4.jp/info.php?id=I0000031&type=items
2 別冊宝島「女を愛する女たちの物語」（宝島社、一九九〇）一五一頁以下、一九四頁ほか
3 日本学術会議「提言 性的マイノリティの権利保障をめざして—婚姻・教育・労働を中心に—」四頁
4 千葉勝美「統治構造において司法権が果たすべき役割 第三部 第一回 同性婚認容判決と司法部の立ち位置—司法積極主義の足音は聞こえてくるのか？—」判時二五〇六・二五〇七号合併号一九八頁
5 熊野敏三・岸本辰雄「民法正義人事編 巻之壹」（新法註釈会出版、一八九一）一九一頁
6 土井真一「婚姻の際に夫婦別氏の選択を許さない民法七五〇条及び戸籍法七四条一号の合憲性」新・判例解説 Watch 憲法一九五（二〇二二）二頁右

実務上の課題と具体的な提案

立命館大学名誉教授　二宮周平

はじめに

札幌地裁二〇二一年三月一七日判決、名古屋地裁二〇二三年五月三〇日判決は、同性婚を定めていない現行婚姻法・戸籍法について違憲としたが、その法的根拠は、法律婚の諸効果や両当事者の関係の社会的承認を異性カップルには全面的に肯定し、同性カップルには全面的に否定する現行制度が憲法一四条一項の平等原則に反すること、同二四条二項の個人の尊厳に反することであり、これらを是正するためにどのような制度を導入するかは立法府の裁量判断によるとする。同性カップルに婚姻の自由を保障していないこと自体を違憲と判断するものではない。大阪地裁二〇二二年六月二〇日判決、東京地裁二〇二二年一一月三〇日判決、前掲名古屋判決、福岡地裁二〇二三年六月八日判決は、選択肢として婚姻とは別のパートナーシップ制度に言及する。[1]

また、パートナーシップ制度の導入を主張する見解がある。例えば、二〇二二年六月の参議院選挙の各党の公約の中で、日本維新の会は「同性婚を認め、ＬＧＢＴＱなどの性的少数者が不当な差別をされないための施策を推進する」としつつ、「自治体による同性パートナーシップ制度を促進するとともに、同性間に限らず使えるパートナーシップ制度の導入を目指す」と記述する。[2] 二〇二三年七月一九日、大村秀章愛知県知事は、臨時記者会見で、少子化対策として、事実婚のカップルから生まれた子どもに法的保護を与えるために、フランスのＰＡＣＳを参照した制度（日本版ＰＡＣＳ）の創設を提唱している。[3] 異性、同性を問わず利用できるパートナーシップ制度は、選択的夫婦別氏や同性婚の法制化に反対ないし慎重な立場から、これらの法制化を回避する方法として支持される可能性もある。

そこで、まず、各国がパートナーシップ制度を導入した経過とその後の展開をレビューした上で、同性婚法制化の必要性と可能性を検討し、法制化した場合の実務上の課題と具体的な提案を行う。

1　パートナーシップ制度の意義と経過

（1）パートナーシップ制度導入の経緯

二〇二四年一月時点で、同性婚を承認する国・地域は、オランダ（二〇〇一）を皮切りに、ベルギー（二〇〇三）、スペイン、カナダ（二〇〇五）、南アフリカ（二〇〇六）、ノルウェー、スウェーデン（二〇〇九）、ポルトガル、アイスランド、アルゼンチン（二〇一〇）、デンマーク（二〇一二）、ブラジル、フランス、ウルグアイ、ニュージーランド（二〇一三）、英国（イングランド、ウェールズ、スコットランド二〇一四、北アイルランド二〇二〇）、ルクセンブルク、メキシコ、米国、アイルランド（二〇一五）、コロンビア（二〇一六）、フィンランド、マルタ、ドイツ、オーストラリア（二〇一七）、オーストリア、台湾、エクアドル（二〇一九）、コスタリカ（二〇二〇）、チリ、スイス、スロヴェニア、キューバ（二〇二二）、アンドラ、ネパール（二〇二三）、エストニア（二〇二四）と、三六に及ぶ[4]。

同性婚を導入したこれらの諸国でも、当初は、婚姻を男女の結合とする伝統的な家族観とキリスト教の婚姻観から、同性婚は否定されていた。しかし、同性愛を精神疾患とする医学的、科学的知見の否定、同性愛の非犯罪化に伴い、同性カップルの共同生活が可視化され始める。

例えば、米国では、一九八〇年代後半から、死亡した賃借人の男性パートナーの居住継続を認めたり、同棲ゲイカップル間の蓄積財産をめぐる契約を有効と認めたり、レズビアンカップルの関係解消につき、契約違反、不当利得、共有物分割請求を認めたり、死亡した労働者の男性パートナーの遺族給付受給を認める判決等が登場した。しかし、訴訟を通じての個別具体的な解決であり、弁護士費用を含め膨大な費用と時間がかかり、訴訟の過程でふれられたくないプライバシーに介入されることになるため、当事者の保護にはほど遠かった。[5] 他方、フランスでは、一九八〇年代、賃借人死亡後の賃借権の同性パートナーへの移転、航空会社従業員の家族割引特典、疾病保険・出産保険の受給資格など、同性カップルの訴訟上の請求はことごとく斥けられていた。[6]

判例による共同生活保障には限界があることから、一九八九年のデンマークを嚆矢に、パートナーシップ制度を導入する国が現れ始めた。利用者は行政機関等に登録することから、自分たちの関係性を公証することができる。ただし、婚姻ではないことから、パートナー相互に保障される権利・義務には限界があった。しかし、導入した国々では、改正を重ね、権利・義務の範囲は婚姻に近似していく。

例えば、フランスでは、一九九九年、ＰＡＣＳ（パックス、Pacte civil de Solidarité〔民事連帯契約〕）が導入された。ＰＡＣＳは、性別を問わず、二人の成年者間でそのカップルの生活を組織するために締結される契約であり、財産的な結合である。しかし、二〇〇六年改正により、共同生活義務、相互扶助義務等人格的義務を生じさせ、ＰＡＣＳであることを出生証書の欄外に記載するようになり、二〇一一年改正では、婚姻・ＰＡＣＳとも所得税の合算課税が共通となり、二〇一三年五月一七日、同性婚が制度化された。[7]

ドイツでは、二〇〇一年、同性カップルを対象とする生活パートナーシップ法が導入された。二〇〇四年の改正により、婚姻に関する民法の規定を準用する規定を設け、婚姻と同様の効果を得られるようになり、また、連邦憲法裁判所は、二〇〇九年七月七日、年金の受給権について、二〇一〇年七月二一日、相続税と贈与税について、婚姻夫婦と同性カップルとの取扱いの違いは平等原則違反に当たると判断した。違憲判断を受けて、二〇一七年七月二〇日、同性婚が制度化された。[8]

英国では、死別した同性パートナーの居住権の承継をめぐり生存パートナーを「家族の一員」と認める判決（一九九九年）、地代法に規定する配偶者の解釈に同性の生存パートナーを含める判決（二〇〇四年）など判例による法的保護を経て、二〇〇四年、同性カップルを対象とするシビル・パートナーシップ法が導入された。婚姻とは異なる存在とされたが、婚姻をする権利について性的指向により異なる扱いをすることを正当化することが困難になり、二〇一三年七月、同性婚が制度化された。[9]

最初の同性婚導入国であるオランダでは、パートナーシップ制度の導入によって、同性同士の関係性が社会を抜本的に変化させるという脅威が杞憂にすぎないことが理解できたという背景もある。[10] 社会的な脅威ではないことの確認のプロセスが必要だったといえる。[11] しかし、三六ヵ国・地域が制度化している現在、今さら確認のためにパートナーシップ制度を導入する必要はない。スペイン、カナダ、アルゼンチン、ブラジル、ウルグアイ、アイルランド、マルタ、オーストラリア、台湾、コスタリカ、キューバ、エストニア等のように、パートナーシップ制度を経ずに同性婚を導入した国もある。

（2）同性婚の法制化とパートナーシップ制度の展開

① 同性婚の導入により、パートナーシップ制度を廃止（新規登録を認めない）した国として、ドイツ、デンマーク、スウェーデン、ノルウェー等がある[12]

② もともと性別に関わらず利用可能なパートナーシップ制度の国として、フランス、ベ

ルギー、オランダ等がある。フランスのＰＡＣＳは相次ぐ改正で婚姻に近似していくが、婚姻との相違を維持し（解消の手続、人格的義務の制限など婚姻に比べると緩やかな結びつき）、当事者の選択に委ねる法制に落ち着いた。フランス民法は、婚姻だけでなく、ＰＡＣＳも事実婚（concubinage）も規定しており、いずれも性別を問わず選択できる。[13] 当事者のライフスタイルや共同生活の多様性を承認するものである。

③　同性を対象とするパートナーシップ制度を異性にも開放した国がある。英国では、同性カップルは婚姻とシビル・パートナーシップを選択できるようになったことから、異性カップルは婚姻しか利用できないことをヨーロッパ人権条約違反として提訴したところ、二〇一八年六月二七日、最高裁は差別と認定し、二〇一九年法改正（五月二六日施行）により、異性カップルもシビル・パートナーシップを選択できるようになった。田巻教授は、「性・セクシュアリティをめぐる事項において不遇な立場にあった当事者により司法判断を仰ぐ訴えがなされ、個人としてまたカップルとしての差別や不平等の是正措置（立法）が段階的に重ねられ、いかなる属性の者も平等の扱いとなるよう新制度の導入がなされてきた」と分析する。[14]

2 同性婚法制化の必要性と可能性

（1）婚姻の自由と平等原則

台湾の司法院釈字第七四八号解釈（二〇一七年五月二四日）が参考になる。司法院（憲法裁判所）は、同性婚を認めていない民法の婚姻に関する規定につき、憲法が保障している婚姻の自由および平等権の趣旨に違反するとした。ここでは、婚姻の自由に関する部分を引用する。[15]

「婚姻適齢にある配偶者のない者は、本来結婚の自由を有しており、それは『結婚するかどうか』と『誰と結婚するか』の自由が含まれる。……婚姻の自由に鑑みるに、人格の健全な発展および人間の尊厳の護持にかかわり、上述の親密で、排他的な永続的結合関係を成立させる必要性、能力、意欲、渇望などの生理的、心理的要素について言うなら、その不可欠性は、同性に性的指向が向かう人と異性に性的指向が向かう人の間に何ら違いはなく、いずれも憲法第二二条[16]の結婚する自由を保障されるべきである。」

こうして婚姻の自由が基本権として導かれることから、同性カップルに婚姻の自由を保障しない現行規定は、平等原則に反することになる。司法院解釈は、「現行婚姻章が一男一女の永続的な結合関係だけを規定し、性別を同じくする両名に同様の永続的結合関係を成立させていないのは、性的指向を分類の基準として、同性に性的指向が向く者の婚姻の自由を相対的に不利にする差別的取扱いである」、「性別を同じくする両名の間では、自然には子どもをもうけることができないが、これは性別を異にする両名が客観的に子どもを産めないか、主観的に子どもを産まないことと結果は同じなのである。故に後代を延続させることができないことをもって、性別を同じくする両名に結婚させないというのは、明らかに非合理な差別的扱いである」とする。[17]

日本の憲法解釈でも、婚姻の自由を、人格的利益及び幸福追求に関することとして憲法一三条の個人の尊重、二四条二項の個人の尊厳を根拠に、憲法上の基本権と捉えることは可能である。[18] したがって、憲法上の基本権について、性的指向によって格差を設けることは平等原則に違反する。同性カップルにパートナーシップ制度しか認めないことは、婚姻制度から排除され、対等に処遇されない「二級市民」を作り出すことにほかならない。1

(2) ①のように同性婚法制化により廃止する法制度であれば、新規に制定する必要性も意味もない。パートナーシップ制度から同性婚法制化まで、フランスで一四年、ドイツで一六年、英国で九年、当事者にとっては失われた年月であり、取り返しがつかない。

法制度の原則は平等である。前掲札幌地裁判決は、「異性愛者と同性愛者の差異は、性的指向が異なることのみであり、かつ、性的指向は人の意思によって選択・変更できるものではないことに照らせば、異性愛者と同性愛者との間で、婚姻によって生じる法的効果を享受する利益の価値に差異があるとする理由はなく、そのような法的利益は、同性愛者であっても、異性愛者であっても、等しく享有し得るものと解するのが相当である」とし、「異性愛者に対しては婚姻という制度を利用する機会を提供しているにもかかわらず、同性愛者に対しては、婚姻によって生じる法的効果の一部ですらもこれを享有する法的手段を提供しないとしていることは」、立法府の裁量権の範囲を超えたものであり、憲法一四条一項に違反するとした。

もし新たにパートナーシップ制度を導入するとしたら、それは、選択的夫婦別氏制度や同性婚の法制化と共に、ライフスタイルに応じて、性別に関わらず平等に利用できる1（2）②③のようなフランス型、英国型でなければならない。

（2）同性婚に対する社会的な許容度

前掲東京地裁二〇二二年一一月三〇日判決は、同性婚導入について反対意見を有する人が一定の割合を示しており、「社会内において価値観の対立があることが認められ」、反対意見の多くが古くからの人間の営みに由来することからすれば、「一方的に排することも困難である」とし、現段階において社会による承認があるとまでは認められないとする。また前掲福岡地裁二〇二三年六月八日判決も、六〇歳以上の年齢層では肯定的意見と否定的意見が拮抗していることをはじめ、全体的に依然相当数おり、同性婚に対する価値観の対立が存在するところであり、反対意見の中には婚姻は依然として男女間の人的結合であるとの伝統的な理解に基づくものと考えられるとして、「同性婚が異性婚と変わらない社会的承認が得られているとまでは認めがたいところである」とする。こうした認識は妥当だろうか。

国立社会保障・人口問題研究所「第一六回出生動向基本調査」（二〇二一年）の「結婚・家族に関する意識」で新設された設問「男性どうし、女性どうしの結婚があってもかまわない」に賛成（一八～三四歳の未婚女性二〇五三名）八八・三％、（同男性）七二・〇％、（五〇歳未満で初婚同士の妻四三五一名）八三・五％である。[19] これらの属性の人々では、許容度は極めて高い。

国立社会保障・人口問題研究所「第七回全国家庭動向調査結果の概要」(二〇二二年)[20]によれば、「同性婚を法律で認めるべきだ」に賛成七五・六%で、二〇一八年六九・五%より六・一ポイント上昇している。妻の年齢が二九歳以下、三〇代、四〇代で賛成は九三・二%、九一・六%、八八・九%と九割前後であるのに対して、五〇代八一・五%、六〇代六九・一%、七〇歳以上五二・五%と高齢になるほど、賛成は減少する。婚姻状況別の有配偶者女性、離別女性はいずれも賛成八六・七%、単身女性(未婚)九三・八%、単身男性(未婚)七二・三%である。女性、年代の低い層では、圧倒的に支持されている。

二〇二三年二月に実施された朝日新聞の世論調査では、同性婚を法律で認めるべきだ七二%、日本経済新聞の世論調査では、同性婚を法的に認めることに賛成六五%である。[21]朝日新聞調査では、「賛成」は二〇一五年で四一%、「反対」三七%とほぼ同じだったが、二〇二一年では「賛成」が六五%に増加、今回さらに七二%まで増えた。許容度は確実に高まっている。

ところで、地方自治体が導入しているパートナーシップ証明(宣誓)制度は、二〇一五年一一月、東京都渋谷区、世田谷区で始まり、二〇二三年六月二八日時点で三二八自治体に広がっている。東京都、大阪府を始め一二の都府県が導入しており、制度を利用できる人口は、日本の人口の七〇・九％に及ぶ。証明書の交付を受けたカップルは、五一七一組である。二〇二二年五月末では二二四自治体、三一六八組だったので、この一年間で採用も交付も著しく増加した。[22] 兵庫県明石市は、性別を問わず、パートナーの子どもなども含めて家族として扱うことが可能な「パートナーシップ・ファミリーシップ証明制度」を導入しており、[23] その他の自治体に広がっている。

国の制度ではないから法的な権利・義務は生じない。ここに根源的な限界があるが、行政が同性カップルの存在を公認していることから、住民・事業者が自主的に当事者の生活を支援する方向を促進することができる。意識調査や世論調査に示されている社会的な許容度の高まり、地方自治体の証明（宣誓）制度の広がりと利用可能人口等を考えると、同性婚法制化の土壌はすでに形成されているといえる。

3　法制化した場合の実務上の課題と改正提案

（1）同性婚法の内容

札幌地裁二〇二一年三月一七日判決は、「婚姻とは、婚姻当事者及びその家族の身分関係を形成し、戸籍によってその身分関係が公証され、その身分に応じた種々の権利義務を伴う法的地位が付与されるという、身分関係と結びついた複合的な法的効果を同時又は異時に生じさせる法律行為であると解することができる」とする。婚姻の法的な意味を的確に記述している。これを基に整理すると、次の三点になる。

①婚姻した当事者に認められる権利・義務
②婚姻関係の公示と公証
③親子関係及び親族関係の成立

①②はカップルという横の関係に関するものだから、同性婚にも当然に適用される。
③の親族関係とは、パートナーの一方が他方の血族（父母・祖父母・兄弟姉妹・おじおばなど）と親族になることであり、親子関係とは、カップルで生殖補助医療を利用して子をもうけたり、養子縁組をして子を迎え入れるなど、法律上の親子になることである。いわば縦の関係に関するものであり、その適用の是非を検討する必要がある。可とした場合には、法律上の親子関係として、親権、扶養の規定が適用されることになる。

（2）婚姻の成立と当事者に認められる権利・義務

二〇一六年一一月六日、日本家族〈社会と法〉学会第三三回学術大会シンポジウム「家族法改正〜その課題と立法提案」は、同性婚の法制化を提案し、二〇一七年九月二九日、日本学術会議法学委員会「社会と教育におけるＬＧＢＴＩの権利保障分科会」による「提言　性的マイノリティの権利保障をめざして─婚姻・教育・労働を中心に─」は、婚姻の性中立化を実現する民法改正を提言の一つとして明記した。[24]

二〇一九年六月三日、立憲民主党、日本共産党、社会民主党の議員により衆議院第一九八国会一五「民法の一部を改正する法律案」として提出され（閉会中審査）、二〇二三年三月六日、立憲民主党、無所属の議員により衆議院第二一一国会三「民法の一部を改正する法律案」、三月二九日、日本共産党の議員により参議院第二一一国会七「民法の一部を改正する法律案」として提出された（閉会中審査）。いずれも審議未了で廃案となっている。二〇二三年三月一五日、公益社団法人 Marriage For All Japan ─結婚の自由をすべての人に（略称：マリフォー）は「婚姻平等マリフォー法案」[25]を公表した。

いずれも、現行の婚姻制度を前提に、同性の二人による婚姻を承認するものであり、制度の骨格は同じだから、現行法で定められた婚姻当事者の権利・義務規定が適用される。

したがって、条文の語句修正で足りる。これは、同性婚を法制化した各国の規定も同様である。例えば、ドイツ民法一三五三条は、「婚姻は、異性または同性の二人の者によって、生涯にわたり締結される。」と定め、フランス民法一四三条は、「婚姻は、異性または同性の二者によって締結される。」と定める。これに対して、マリフォー法案は、民法七三九条一項について「婚姻は、性別のいかんを問わず、二人の当事者が戸籍法の定めるところにより届出ることによって、その効力を生ずる。」と定める。性のあり方は多様だから、同性、異性に限定しない点で、マリフォー法案が優れているように思われる。

それでは、異性カップルを前提とする語句を具体的にどのように修正すればよいのだろうか。それは、性別を前提にする語句を性中立化することである。例えば、マリフォー法案では、「夫婦」を「婚姻の当事者」に、「夫若しくは妻」を「婚姻の当事者の一方」に修正する。「父母」を「親」に、「父又は母」を「親の一方」に修正する。いずれも表記は多少違うが、ドイツ、フランス、前述の議員立法提案と同じ発想である。

（3）婚姻関係の公示と公証

戸籍制度について、現行戸籍制度維持を前提にすれば、一組の婚姻の当事者と氏を同じくする子を単位として戸籍を編製することになるので、届出書式や戸籍の記載事項の語句修正で対応することができる。

具体的な語句修正は、前掲（2）同様、性別を前提にする語句を性中立化する。例えば、婚姻届書の「夫になる人」・「妻になる人」を「婚姻の当事者」に修正する。「婚姻後の夫婦の氏」を「婚姻後の配偶者の氏」に修正し、「夫の氏」・「妻の氏」のチェック欄を廃止して、どちらかの氏を記載する。

戸籍の【配偶者区分】夫、妻欄は、特に記載する必要性がないので、廃止する。【父】【母】欄は【親】に、【養父氏名】【養母氏名】は【養親氏名】に、【親権者】父、母は【親権者】親の氏名に、【届出人】父、母も、【届出人】親の氏名に修正する。

これに対して、パートナーシップ制度を導入すると、戸籍制度の改革が不可避である。パートナーシップ制度は当事者に権利・義務を生じさせる法的な関係だから、国民の身分行為（婚姻・離婚・養子縁組・認知等）と家族関係を証明する戸籍に登録する必要がある。そのためには、一組の夫婦と氏を同じくする子を単位として編製する現行の戸籍制度を改める必要がある。[26] 他方、戸籍とは別のパートナーシップ登録制度を設けると、戸籍のみによって現在の家族関係を証明し、かつ、その人の一生の身分行為や過去の家族関係を証明することが困難になる。戸籍が法的家族を統一的に把握できないという事態を招く。逆説的だが、戸籍制度を維持するには、パートナーシップ制度より同性婚の方が適合的なのである。

4 親子関係の成立

(1) 子育ての現実

子育ての現実に関して、一般社団法人こどまっぷが二〇二一年四月から五月にかけてインターネット上で実施したアンケート調査報告がある。[27] 出産子育てをしている、あるいはこれから考えているLGBTQ当事者五三四人のうち、「実際に子育てをしている／していた」(妊娠中も含む)は二六・四%(一四一名)であり、パートナーと自分で一緒に育てている人が七二%、パートナーやドナー、協力者など複数で育てている人も一一%いる。子どもの数は、一人が五二%、二人が三一%だが、子どもの年齢は、〇〜二歳が四〇・七%、三〜五歳が二九・三%であり、現在子育て中の人の多くがここ数年で子どもをもうけている。子どもがいることを周囲に話している人が九五%であり、オープンな子育てがなされている。

出産・子育てをしている一四一名のうち、①第三者からの精子や卵子提供を受けて出産した子五四・六％、②自分が夫／元夫との間に生んだ子二二・七％、③パートナーの連れ子九・九％、④自分が妻／元妻との間に生んだ子五・〇％、⑤養子縁組の利用による子一名である。①の場合、提供を受けた方法としては、ドナー提供を行う掲示板やSNS等の利用が二九・九％と最も高く、知人・友人一九・五％、海外の精子・卵子バンク一四・三％、友情結婚サイト六・五％、家族・親戚五・二％、国内の精子・卵子バンク三・九％、代理母二・六％（二名）である。ドナー精子の感染症等検査や産科医院での安全な人工授精と出産が保障されていない現実がある。

子どもが欲しいと思った理由として、子どものいる家庭へのあこがれ五九・〇％、子どもがかわいくて大好き四八・九％などであり、自由記述にも、パートナーと子育てしたいから、人の営みとして自然に湧き出る感情だった、大好きな彼女との子がいたら愛おしいだろうなあと思ったなど、異性カップルの場合と同じ思いが綴られている。

（2）意識調査

前述の国立社会保障・人口問題研究所「第七回全国家庭動向調査結果の概要」（二〇二二年）には、同性カップルが子どもを持つことに関して三つの設問がある。[28] ①同性カップルも異性カップルと同じように「子どもを育てる能力がある」賛成七八・八％（二〇一八年六九・四％）、②同性カップルが「養親や里親になってもよい」賛成七六・四％（六六・七％）、③女性同士のカップルも「生殖補助医療を用いて、子どもを持てるようにすべきだ」賛成六〇・〇％（四八・一％）であり、とりわけ③で賛成割合の増加が著しい。

妻の年代別では、①二九歳以下賛成九三・二％、三〇代九一・六％、四〇代八九・四％、②八九・五％、八九・一％、八五・五％、③八七・九％、八三・八％、七三・六％である。単身女性（未婚）では、①九四・六％、②九二・一％、③八四・三％である。年代の若い層、妻や未婚女性では、①②は八五％～九〇％が賛成し、③も三〇代以下では賛成が八〇％を超える。単身女性ではその比率はさらに高まる。

以上のように同性カップルの子育て、養子・里親の利用、女性カップルの生殖補助医療の利用は、肯定的に受け止められている。[29]

（3）法律上の親子関係の成立

以上のような現実および意識の変化を踏まえ、同性婚の法制化は、生殖補助医療や養子・里親制度を用いた親子関係について規律することと同時に進める必要がある。[30] 本来であれば、婚姻関係の有無に関わらず、子育ての権利保障を検討すべきであることは言うまでもないが、本章は、同性婚を法制化した場合の実務上の課題と改正提案を対象とすることから、同性婚に限定し[31]、かつ、現在、日本で承認されている生殖補助医療と養子縁組を前提にした改正提案を行う。

a　生殖補助医療を用いる場合

日本産科婦人科学会の会告では、婚姻関係に限って第三者の提供精子の利用を認めている[32]。同性婚の法制化により、婚姻した女性カップルの一方がドナー精子により懐胎・出産することが可能になる。判例によれば、法律上の母子関係は分娩（出産）によって成立することから[33]、出産した一方が法律上の母になる。ドナー精子による出産に同意し、子の出生後、二人で子育てをする意思のある他方と子の間に法律上の親子関係を成立させる方法として、現行制度の嫡出推定規定、すなわち、妻が婚姻中に懐胎した子は夫の子と推定するという民法七七二条を適用する方法がある。マリフォー法案である。

最高裁第三小法廷二〇一三年一二月一〇日決定（最高裁民事判例集六七巻九号一八四七頁）は、トランス男性が婚姻し、妻がドナー精子で出産した事案において、法的性別を変更した当事者にその性別で婚姻することを認めている以上、婚姻の主要な法的効果である嫡出推定規定を適用すべきであるとして、当該夫婦の嫡出子として戸籍記載することを認めた。嫡出推定規定は、夫と子との間の生物学上の親子関係（血縁関係）を推定する規定ではなく、法律上の親子関係の存在を推定する規定である。すなわち、法律上の親子関係を成立させる規定である。したがって、同性婚を法制化すると、性別を問わず、また、自然生殖か生殖補助医療の利用かを問わず、婚姻当事者が子をもうけた場合における法律上の親子関係成立の規定と位置づけることが可能になる。

そこで、改正提案としてマリフォー法案を支持する。具体的には、民法七七二条一項「妻が婚姻中に懐胎した子は、当該婚姻における夫の子と推定する」を「婚姻の一方当事者が婚姻中に懐胎した子は、他方当事者の子と推定する」に改める。

b　養子縁組を用いる場合

現行法では、同性カップルの一方の子とカップルの他方が養子縁組をすることが可能である。しかし、縁組をすると親権者は養親になる（民法八一八条二項）。現行法の実務では、婚姻していると、実親と養親の共同親権となるので、同性婚の法制化は、実親と養親による共同親権を可能とすることによって、一方の子を双方が共同して子育てしている現実を支えることができる。また、未成年の子を夫婦共同で養子にする夫婦共同縁組（民法七九五条）、実親子関係を終了させる特別養子縁組（民法八一七条の三）は、養父母が婚姻をしている場合に利用できるので、同性婚の法制化は、同性カップルに養子縁組の選択肢を拡げることができる。

未成年の子と縁組をする場合、その子が配偶者の子（連れ子）でない限り、家庭裁判所の許可が必要である（民法七九八条）。特別養子縁組も家庭裁判所の審判によって成立する。裁判官が同性カップルの子育てに価値中立的に対応することが必要である。

ところで、児童相談所（以下、児相）及び民間養子縁組あっせん団体に対する調査[34]によれば、養育里親になりたいという相談があった児相は、レズビアン六％、ゲイ五％、トランスジェンダー四％であり、実際に養育委託した児相はゲイの一％にとどまった。養子縁組里親希望者への里親委託支援と養子縁組仲介支援をしている養子縁組あっせん団体では、なりたいという相談は、レズビアン三八・五％、ゲイ三〇・八％あるものの、実際に認定し、委託した件数はない。セクシュアルマイノリティ当事者の共同生活が可視化されておらず、理解が進まないため、親権者や実親の同意を得ることが難しく、支援者自身が子どもが家庭像を描くことができないと思い込んでいる実情が明らかにされている。他方で、パートナーシップ・ファミリーシップ証明制度を導入した兵庫県明石市では、里親委託に前向きである[35]。同性婚の法制化がセクシュアルマイノリティ当事者の共同生活の可視化と社会的な承認を進め、当事者への里親委託と養子縁組のあっせんにつながるように思われる。

おわりに

セクシュアルマイノリティ当事者である子どもが自分の将来に希望を持てることとは、性自認や性的指向で差別を受けることなく進路を選択できること、好きな人とめぐり合う機会があれば、一緒に暮らし、家族となること、その一つとして子をもうけ、育てることなど、セクシュアルマイノリティでない人と同じ生活を享受できることである[36]。今まさに子をもうけ子育てを希望する当事者にとっても、そう思わない当事者にとっても、自分のセクシュアリティを認識した若い世代の当事者にとっても、シングルで生きる、パートナーと暮らす、子どもと家族を形成するなど生き方の選択肢が等しく保障されることは、人として平等に処遇されることであり、人間の尊厳に関わることである。

こうした視点からは、婚姻という選択肢を同性カップルに保障するために同性婚の法制化は必然であり、法制化は同性カップルの子育てという現実を法的に支えるものとなる。セクシュアルマイノリティ当事者の共同生活の可視化と法的な承認は、性のあり方の多様性とそれぞれの生き方を承認することにつながる。こうした展望のもとに、同性婚の法制化を進めるべきものと考える。

［注・参考文献］

1 判決の検討については、二宮周平「同性婚訴訟5つの地裁判決の意義と課題〜婚姻の自由の保障へ向けて」戸籍時報八四二号二〜一一頁参照。
2 NHK参院選二〇二二NHK選挙WEB（二〇二三年四月一二日閲覧）
3 中日新聞二〇二三年七月二〇日配信、秋田魁新報（電子版）二〇二三年八月一八日掲載及びあなたの静岡新聞二〇二三年八月一八日掲載（いずれも二〇二三年九月一〇日閲覧）
4 ウェブサイト「EMA日本」→なぜ同性婚？→世界の同性婚及び「Marriage for All Japan」→世界の同性婚、で検索できる（二〇二四年二月五日閲覧）
5 棚村政行「LGBTの法的保護とパートナーシップ制度」棚村政行・中川重徳編『同性パートナーシップ制度』（日本加除出版、二〇一六）七〜一四頁。
6 大島梨沙「同性カップルの『内縁』認定の可否」谷口洋幸・齊藤笑美子・大島梨沙編『性的マイノリティ判例解説』（信山社、二〇一一）一四〇〜一四四頁。

7　松本薫子「婚姻法の再定位：フランス民法典の変遷から（4）」立命館法学三八九号（二〇二〇）二六七～二六九頁、同「婚姻法の再定位：フランス民法典の変遷から（7・完）」立命館法学四〇四号（二〇二二）四一二頁。

8　渡邉泰彦「ドイツにおける同性カップルの法的処遇」ジュリスト一五七七号（二〇二二）七八～七九頁、同「ドイツでの同性婚まで二五年？　一六年？　四日？」本書所収。

9　田巻帝子「イギリスにおける同性カップルの法的処遇」ジュリスト一五七七号（二〇二二）八二～八三頁。

10　谷口洋幸「同性婚・パートナーシップ法の可能性」法律時報八六巻一二号（二〇一四）一〇六頁

11　二宮周平「家族法～同性婚への道のりと課題」三成美保編『同性愛をめぐる歴史と法～尊厳としてのセクシュアリティ』（明石書店、二〇一五）一三七頁。

12　ウェブサイト「EMA日本」・前掲注（4）より。

13　民法五一五条の一「PACSは、共同生活を組織するために、異性または同性の二人の成人が締結する契約である。」、五一五条の八「事実婚（concubinage）とは，カップルとして生活する異性または同性の二人の間に安定性と継続性の存在を示す共同生活を特徴とする事実上の結合である。」と定める。

14　田巻・前掲注（9）八三～八四頁。

15　鈴木賢『台湾同性婚法の誕生～アジアLGBTQ＋燈台への歴程』（日本評論社、二〇二二）三三八頁。

16　憲法二二条は「凡そ人民のその他の自由及び権利が、社会秩序、公共の利益を害さない限り、いずれも憲法の保障を受ける」と規定しており、婚姻の自由もこの規定で保障されている（鈴木・前掲注（15）一七二頁）。
17 鈴木・前掲注（15）三三八〜三三九頁。
18 日本の憲法上の議論については、田代亜紀「婚姻の自由・平等をめぐる憲法論」、西山千絵「コメント　同性カップルの婚姻の憲法的基礎づけに向けて」本書所収参照。
19 「第一六回出生動向基本調査」でウェブ検索可。「12　結婚・家族に関する意識」図表12-1-1及び12-2-1による。pdf版一一二、一一六頁。
20 「二〇二二年社会保障・人口問題基本調査　第七回全国家庭動向調査結果の概要」でウェブ検索可。pdf版七五、八八〜九一、九八〜九九頁。
21 朝日新聞二〇二三年二月二〇日（朝刊）、日本経済新聞二〇二三年二月二七日（朝刊）。
22 渋谷区・虹色ダイバーシティ「全国パートナーシップ制度共同調査」（令和五年度第一回調査）より（「全国パートナーシップ制度共同調査」でウェブ検索可）。
23 山田賢「多様な家族のカタチ〜明石市パートナーシップ・ファミリーシップ制度」二宮周平編『LGBTQの家族形成支援〜生殖補助医療・養子&里親による〔第二版〕』（信山社、二〇二三）二九七〜三〇二頁、増原裕子「自治体におけるパートナーシップ制度・ファミリーシップ制度」家庭の法と裁判四八号（二〇二四）三〇頁以下。
24 南方暁「婚姻法グループの改正提案〜婚姻の成立」家族〈社会と法〉三三号（二〇一七）九八〜九九頁、日本学術会議のHP→提言・報告→提言の一覧→二〇一七年→二〇一七-九-二九。
25 https://www.marriageforall.jp/blog/20230412/　または、「マリフォー」でウェブ検索→最新情

報→二〇二三年四月一二日

26 外国人と婚姻した日本人配偶者の戸籍記載と同様、戸籍の身分事項にパートナーシップ登録をした旨を記載する方法が考えられる。そのためには、例えば、戸籍法に「パートナーシップ登録の届出があったときは、パートナー双方について新戸籍を編製する」旨の規定と、「第四章届出」の中に「パートナーシップ登録」という節を設け、戸籍の身分事項に「登録パートナー」を追加する等の改正が必要になる。

27 新ヶ江・長村・茂田・渡辺・手塚・髙橋・吉田「日本における性的マイノリティの出産・子育てに関する実態把握に関する調査報告～二〇二一年に実施したインターネット調査の結果から」大阪市立大学「人権問題研究」一九号（二〇二二）五五～八七頁。

28 前掲注（20）と同頁。

29 子育てと親子関係の形成の詳細について、二宮周平「同性パートナーにおける親子関係の形成と支援のあり方」家庭の法と裁判四八号（二〇二四）一一頁以下参照。

30 渡邉教授は、同性婚をめぐる各地裁判決が、実親子関係を設定する嫡出推定と結びついた婚姻（法律婚）を同性カップルに認めることには躊躇していると捉え、同性カップルにおける親子関係確立の問題と同性婚と同時に考える必要があると指摘する（渡邉泰彦「親子関係確立と課題」二宮編・前掲注（23）二六九～二七〇頁）。

31 法律上の親子関係を成立させる立法例として、例えば、フランスでは、婚姻に限らず、女性カップルがドナー精子を用いて子をもうける場合、公証人の面前で生殖補助医療に対する同意をすると同時に、カップルは子を「共同認知」する。オランダでは、子を出産した母の女性パートナーも母となる。母が二人であり、デュオマザーと呼ばれる。英国では、裁判所の親決定手続により、子を出産した母の女性パートナーも子の親となる。米国の連邦統一親子法では、生殖補助医療によって懐胎された子の親は、その子の親になる意思をもってその生殖補助医療に同意した個人とする。いずれも、血縁ではなく、親になる意思に基づく親子関係である。

32 なお二〇二二年三月七日、超党派の「生殖補助医療のあり方を考える議員連盟」が検討している「特定生殖補助医療に関する法律案（仮称）」のたたき台は、第三者の精子・卵子等を用いた生殖補助医療の利用を、医学的に夫の精子または妻の卵子により妻が子を懐胎することができない夫婦に限定している。

33 最高裁第二小法廷二〇〇七年三月二三日決定（最高裁民事判例集六一巻二号六一九頁）。代理懐胎で出生した子について、依頼主である女性が出産していないことから、女性と子の法律上の親子関係を否定した。

34 白井千晶「里親・養子縁組の委託側の現状と課題」二宮編・前掲注（23）三二四〜三三三頁。

35 山田・前掲注（23）二九五〜三〇二頁。

36 中塚教授は、日本でも可能なＡＩＤによりトランスジェンダー当事者が子どもをもつストーリーを加えた『ＬＧＢＴの子どものためのライフプラン教育』を作成している。それは、自身の将来に希望を持つ機会となり、自殺念慮、うつ、不登校などの発生を予防するための支援になるとし、その前提として、ＬＧＢＴの子どもが様々な選択肢を持ちライフプランを立てることができるような日本社会になることが重要であると指摘する（中塚幹也「トランスジェンダーの家族形成〜特例法の婚姻要件、手術要件を中心に」二宮編・前掲注（23）一八六〜一八七頁）。

第2部

婚姻の自由・平等の法理——国際比較から

国際人権法と婚姻の自由・平等

――性別制限の撤廃は国際人権法上の義務か

青山学院大学教授　谷口洋幸

本稿では、婚姻における性別制限の撤廃は国際人権法上の義務かとの問いについて、次の三点から論じていく。第一、関連する権利規定、第二、判例・解釈の変遷、そして第三に義務ではないことの意味である。問いの一応の結論は「義務ではない」というものであるが、第三においてそれをどう理解すべきか確認したい。

関連する権利規定は、国際人権法上、三つの権利規定が主に議論の対象となる。一つ目は、「婚姻する権利」の条文であり、自由権規約二三条やヨーロッパ人権条約一二条、米州人権条約一七条がこれにあたる。権利規定の特徴は、一点目に男女が主語になっていること、二点目に広範な国内裁量が認められていることである。

二つ目は、「家族生活の尊重を受ける権利」である。これは日本国憲法一三条にほぼ等しい「私生活の尊重を受ける権利」に含まれる権利である。特徴としては日本国憲法とは異なり、家族の尊重が明確に書かれている点があげられる。また、尊重は単に国による介入の排除だけを意味せず、国が積極的に法整備をすることにより、家族生活を実効的に尊重する義務も含まれる。

そして三つ目が、「差別の禁止」である。日本国憲法と同様、性的指向は明記されていないものの、例示列挙との特徴から、性的指向を含むとの判例および解釈が国際人権法上では確立している。

この三つの条文に関する判例や解釈の変遷は次のとおりである。

三つ目にあげた「差別の禁止」は、二〇〇〇年代の前半から、同性カップルの法的保護と異性カップルの処遇の差異をめぐって争われてきた。たとえば自由権規約委員会のヤング対オーストラリア事件である。異性同士の内縁関係も給付対象となっていた退役軍人の遺族年金が同性カップルに支給されないことが、性的指向にもとづく差別に当たるとの判断が下された。同じく自由権規約委員会のX対コロンビア事件でも同性カップルであることを理由に社会保障基金の年金振替を拒否することは、性的指向にもとづく差別に当たるとの解釈が採用されている。このように異性カップルの事実婚に認められている法的な保護を、性的指向による差別なく、同性カップルにも適用することは、国際人権法上の国に課された義務である。

一方、婚姻の性別制限について、国際人権法は異なる解釈を示している。たとえば自由権規約委員会のジョスリンほか対ニュージーランド事件である。シスジェンダーの女性二人が婚姻許可証の発行を申請したところ、同性同士であることを理由に拒否されたことについて、自由権規約委員会はニュージーランドの規約違反を認定しなかった。「婚姻する権利」の文言は意図的に「男女」という主語を採用しており、同性カップルを婚姻という形式で保護することまで国に義務づけていないとの判断である。なお、この判断では二人の委員が、「この規定（＝「婚姻する権利」）は、締約国が同性同士の婚姻や他の形態での保障を妨げるものではない」との同意意見を付していることも注目される。すなわち、国際人権法上、婚姻の性別制限を撤廃することは義務づけられてはいないものの、各国が性別制限を撤廃することを妨げる規定もない、ということである。

ＬＧＢＴＱに関する人権保障の議論が比較的進んでいるといわれるヨーロッパ人権裁判

所も、二〇一二年のシャルク・コップ対オーストリア事件において、同様の解釈を示している。ただし、ヨーロッパ人権裁判所は、二〇一五年のオリアリほか対イタリア事件において、「家族生活の尊重をうける権利」の文脈で重要な判断を下している。この権利に関する国の積極的義務として、同性カップルに何らかの法制度を構築する義務が含まれるとの判断である。同判決はイタリアがシビルユニオン法を導入する契機となった。婚姻という形式を選択するか否かはさておき、法制度を構築する義務を八条から直接導き出した解釈である。

なお、ヨーロッパ人権裁判所よりも先にＬＧＢＴＱに関する人権保障の議論を進めてきた米州人権裁判所は、二〇一七年に、この義務を「婚姻する権利」にまで拡大する解釈へと踏み切った。コスタリカの諮問に対する勧告的意見の中で、米州人権条約上の義務履行として、最終的に婚姻の性別制限は撤廃しなければならないことを明確に示している。もっとも、即座にその義務が履行できない国の状況も考慮し、各国の状況に応じて、過渡的に、シビルユニオン法などを経由することは条約違反には当たらないとも述べている。ただしそれは移行期とのみ認識され、条約上の義務はあくまで性別制限の撤廃であるとの解釈である。

このように、国際人権法上、各国は同性カップルを婚姻という制度の枠組みで保障することまでは義務づけられている、とはいえないのが現状である。各国の同性カップルに関する法制度は、おおよそ、①異性婚制度から、②事実婚としての法的保護、③シビルユニオン法などの新たな制度の構築、そして④婚姻の性別制限の撤廃へと移行してきた。移行の期間や順序は国によりさまざまであるものの、ほとんどの国がおよそ似た経緯を辿っている。

各国の法制度の変遷に照らしてみれば、主に性的指向にもとづく差別の禁止という文脈から、②が国際人権法上の義務であることに異論はない。一方、ヨーロッパ人権体制のもとでは③が、米州人権条約体制のもとでは③を過渡期として許容しつつも、④への移行が義務づけられた状況にある。

日本の状況はどうか。日本はヨーロッパ人権条約や米州人権条約の締約国ではなく、両条約体制のもとでの解釈に法的に拘束されないことは明らかである。もっとも、自由権規約の締約国ではあるため、同規約には当然に法的に拘束されている。日本では、確かに判例や実務上、同性カップルが事実婚に相当する関係と位置づけられる例は増えている。しかしながら、否定する解釈も散見されるなど、②のように同性カップルが法的に安定的な地位を与えられている状況には到達していない。

自由権規約の履行状況を監視する定期審査では、二〇〇八年には異性カップルと同等の事実婚としての法的な保護が要請され、直近の二〇二二年には、同性婚（same sex marriage）の実現を含めた勧告が発出されている。

国連人権理事会の普遍的定期審査でも、二〇一七年の第三巡審査において、日本は二か国から同性カップルの法的保護に関する改善勧告を受けた。これに対して日本は国会答弁と同じく「極めて慎重な検討が必要」の返答に終始した。結果、直近の二〇二三年の第四巡審査では、九か国からの同性婚ないし同性カップルの法的保障に関連する勧告を受けることとなった。

日本が批准しているのは自由権規約のみであり、ヨーロッパ人権条約や米州人権条約の解釈は無関係と言い切れるか。そこで再確認すべきは、人権の普遍性という大原則である。一九九三年に採択されたウィーン宣言および行動計画は、人権の普遍性を基礎として、すべての人権と基本的自由を促進し保護することが国に課せられた義務であることを再確認した。国連におけるＬＧＢＴＱに関する権利保障の議論は、ウィーン宣言および行動計画のフォローアップの議題の一つとして展開されていることに鑑みれば、同じ権利規定の解釈や適用の実践について、批准の有無のみから無視を決め込むことは、人権の大原則を軽視した不遜な態度といえる。

もう一つ確認すべきは、国際人権法上の義務は、あくまでも国際社会の最低基準にすぎないという点である。義務でないとの解釈は、その行動の禁止を意味するものではない。国際人権法は各国にある程度広い裁量を設けており、国際人権法よりも手厚い権利保障をすることは否定されておらず、むしろ歓迎すべきこととされる。女性差別撤廃条約二三条や子どもの権利条約四一条などは、このことを条文としても規定する。「結婚の自由をすべての人に訴訟」の地裁判決の中には、不作為――国が何もしていない現状――の正当化のために、国際人権法上で義務づけられていない事実をあげるという誤用がみられた。国際人権法は、人権の保護・促進を目的としており、人権を制限する根拠に用いるものではない。国際人権法の的確な解釈と適用が、司法の場も含めて、期待されるところである。

［参考文献］
谷口洋幸「『同性婚』は国家の義務か」『現代思想』四三巻一六号（二〇一五）四六−五九頁。
谷口洋幸『性的マイノリティと国際人権法――ヨーロッパ人権条約の判例から学ぶ』（日本加除出版株式会社・二〇一二）。

フランス同性婚の10年と見えてきた課題

ジェンダー法政策研究所フランス支部長　齊藤笑美子

二〇二三年は、フランスでの同性婚合法化の一〇周年であるとともに、私がフランスに定住してからも一〇年目となる年であった。同性婚に関して法的な観点についてすでに論文等を発表する機会はあったので、今回はこの間見てきたことや感じてきたことを含めて同性婚についてお話する。

1　フランス同性婚の現状

フランスで同性婚が合法化され今年で一〇年が経った。合法化前にはかなり激しい反対運動が繰り広げられており、筆者がフランスに移住した当時、「全ての人のためのデモ」という合法化に対する対抗運動が盛んに行われていた。この運動はカトリックの若年層が多数参加して新世代の保守運動が形成されるきっかけとなったと言われている。

二〇二三年七月にフランスで起きた暴動ほどではないものの、このデモも非常に荒れる傾向があり、多くの人にショックを与えた。しかし、そのような強い反対から一〇年を経た現在では、同性婚を廃止しようという政治的な動きはほぼ皆無と言って良い。「極右」に分類される政治家であっても同性婚を廃止しようとはしていない。

例えば、国民連合のマリーヌ・ルペン（極右の国民連合の候補として二〇二二年大統領選で決選投票まで進み、現エマニュエル・マクロン大統領に敗退）も、選挙活動中に有権者と以下のような応答をしている。とある女性有権者から、「私は女性と結婚しているけれども、あなたが大統領になったら、何か変えるつもりはありますか」という質問を受けたルペンは次のように回答する。「フランス国民からいかなる権利も奪うつもりはない」と。つまり、ルペンは同性婚を廃止する意図はないということを明言しているのである（この言い方からすると外国人には厳しくする可能性もなくはないが、近年の極右にとってここでの一番の問題は「同性愛者の」結婚ではない。この勢力は、同性間であれ異性間であれ、外国籍者と仏国籍者の結婚を目の敵にする）[1]。

二〇一三年に同性婚が合法化されるまでのフランスでの道のりについては、同性愛の犯罪視時代から説明する必要がある。一九八〇年代までは、差別的な刑事規定があり、それが廃止されたことで一九九〇年代からパートナーシップ制度の議論が始まった。この間に差別禁止規定ができ、またエイズ／ＨＩＶの影響で、同性カップルのための法的枠組みを求める動きが始まったからである。それらがパートナー制度であるパックスにつながっていく。

パックスとは、Pacte civil de Solidaritéというフランス語の略称で、性別を問わず二人の人が結ぶことのできる、共同生活のための契約を指す。その契約内容の決定は当事者に委ねられているものの、契約した者はお互いを助け合うという義務を負うことになっており、租税、社会保障、滞在許可の面で、結婚している場合と同等かそれに準ずる扱いを受けることができる。結婚との違いは、パックスは解消が容易であること、一方的解消も可能であること、また親子関係には影響がないこと、遺族年金の受給権がないこと、パートナーは法定相続人ではないことなどが挙げられる。

一九九九年に制定されたパックスは、以来高い人気を保持している。図1は結婚とパックスそれぞれの二〇一三年以降の登録数を示した折れ線グラフである。これを見ると、パックスに非常に人気があり、二〇二〇年、二〇二一年頃には、結婚をも上回っていることが分かる。これはパンデミックの影響もあると考えられるが（結婚は人を集めての挙式を必要とするため、コロナ禍で延期するカップルが多かったと推測される）、それでもパックスの人気はかなり高いと言える。しかも、二〇一三年から同性婚が合法化されたにもかかわらず、二〇一七年以降、同性間ではパックスが結婚数を上回るようになり、その傾向が続いている。同性カップルについていえば、パックスの方が結婚制度よりも人気で

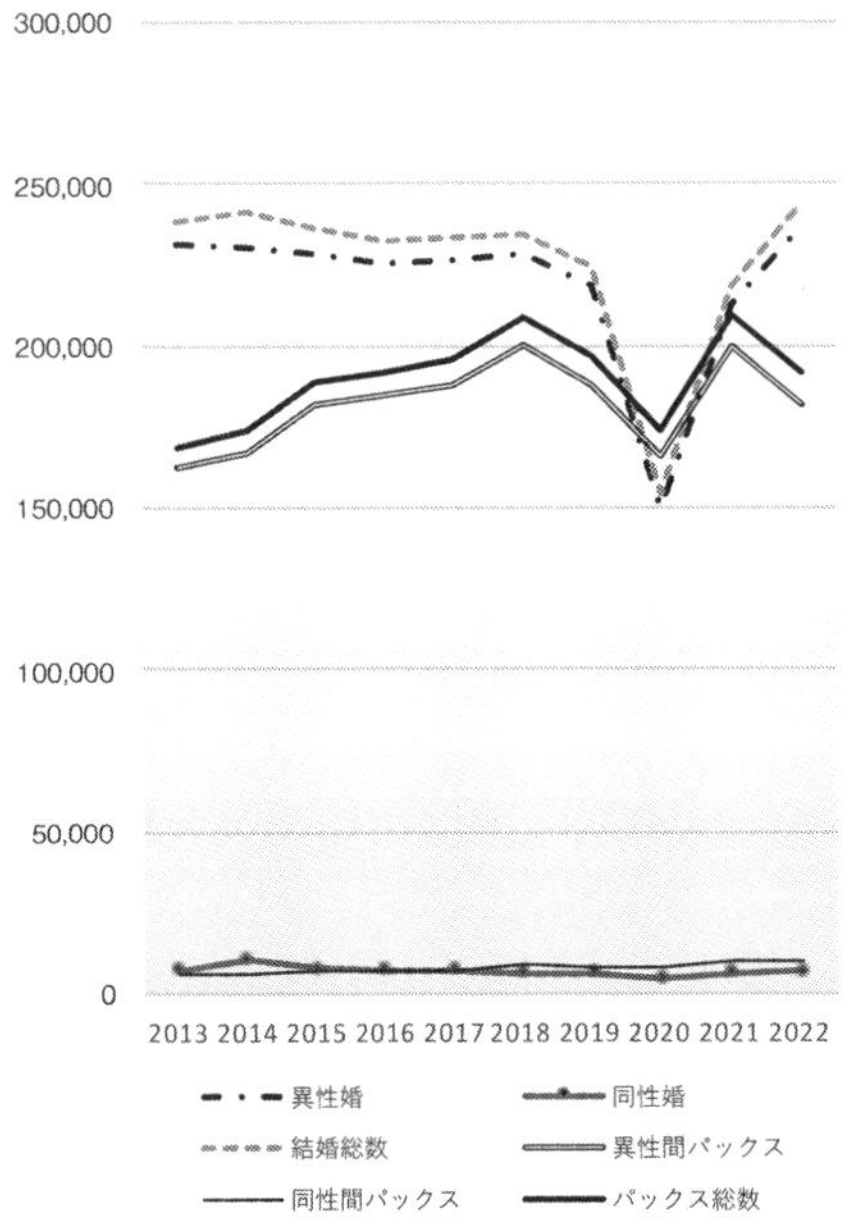

図1　結婚とパックスの締結数推移

出典：国立統計経済研究所

あることが分かる。

2　憲法上の論争と仏憲法裁判所の消極的役割

同性婚ができるようになった当時の憲法上の論争を振り返っておきたい。先述の通り社会的には非常に強い反対運動があり、そして憲法学者その他法学者の間でも論争が生じていた。特に反対の側から主張されたのは、結婚や親子関係には男女両系統が必要だという主張である。これは同性カップルに結婚を認めるためには憲法改正が必要だという主張に発展していった。日本と違ってフランス憲法には、直接的に婚姻に言及する規定はない。そこで、〝結婚が男女間のもので、親子関係もそれに基づくことは憲法に書かれていなくても重要な原則であるから、同性婚を認めるためには憲法改正が必要なのだ〟という主張がなされた。

これに対してフランスの憲法裁判所は、婚姻が男性と女性の結合であるという規則は、基本的権利と自由、国家主権、公権力の組織に関係がないため、共和国の基本原理でなく、憲法改正をしなくても、同性婚合法化は可能だという結論によってこれに応答した。

ここで特に指摘したいことは、フランスの憲法裁判所は積極的な役割を果たしていないということである。二〇一一年、同性婚がまだ不可能であった時代、同性カップルが結婚できないことは憲法違反でないかということが問われた。その際に憲法裁判所は、結婚の要件をどのように定めるかは立法者の自由であり、同性カップルと異性カップルで異なる扱いをしても憲法違反や平等違反にはならないと回答している。しかしそのわずか二年後、同性婚法が成立した際、逆に同性カップルに結婚を認めることが憲法違反ではないかという問題が提起された。今度は、同性カップルと異性カップルの間に何らかの相違があるとしても、その相違をもってしても異なる扱いを正当化できないと国会が判断したのであれば、憲法院は国会の判断を尊重するという回答をしている。

したがって、フランスの憲法裁判所は、立法者に対して、同性カップルと異性カップルを同列に扱うことを要求せず、かといって否定もしない。国会の判断を尊重するという姿勢で一貫している。つまり、この問題に関するフランス司法の貢献は少なく、基本的には立法によって、これまでの状況を実現したという実績がある。この点は米国とも違うところではないかとも思われる。後述するように若干の留保も必要ではあるが、反動を招きにくいのは、立法を動かして今までの状況を実現していることも背景にあるのではないか。

3　全女性のための生殖医療

これに続いて、より最近になって、「全女性のための生殖医療（PMA pour toutes）」という法改革が実現した。それまで異性カップルに限られてきた人工生殖の利用が、女性カップルと単身女性に拡大されたのである。この改革は親子関係にも影響する。女性カップルが精子提供を受ける場合は、事前に二人で合意を公正証書の形式で作成し、共同で生まれて来る子を認知する。そして子どもが生まれた時に、産んだ女性だけでなく、一緒に認知したパートナー女性も親になることができるようになった。

4　LGBT嫌悪犯罪の増加

このような法的な権利の拡大が進む反面、嫌悪犯罪が増加傾向にあることが数値から判明している。実際に同性カップルに話を聞いてみると、同性愛嫌悪犯罪の増加を懸念している人が非常に多い。恐怖から、人前で手をつなぐことすら躊躇するという。二〇二〇年からは、（パンデミックの影響もあると思われるが）犯罪数は微減した。しかしその反動で二〇二一年には認知件数が増えている。[2] 特に二〇二二年には、重罪（crime）と軽罪（délit）という相対的に重大なカテゴリーの犯罪の総数が前年比で一三％増加したことは

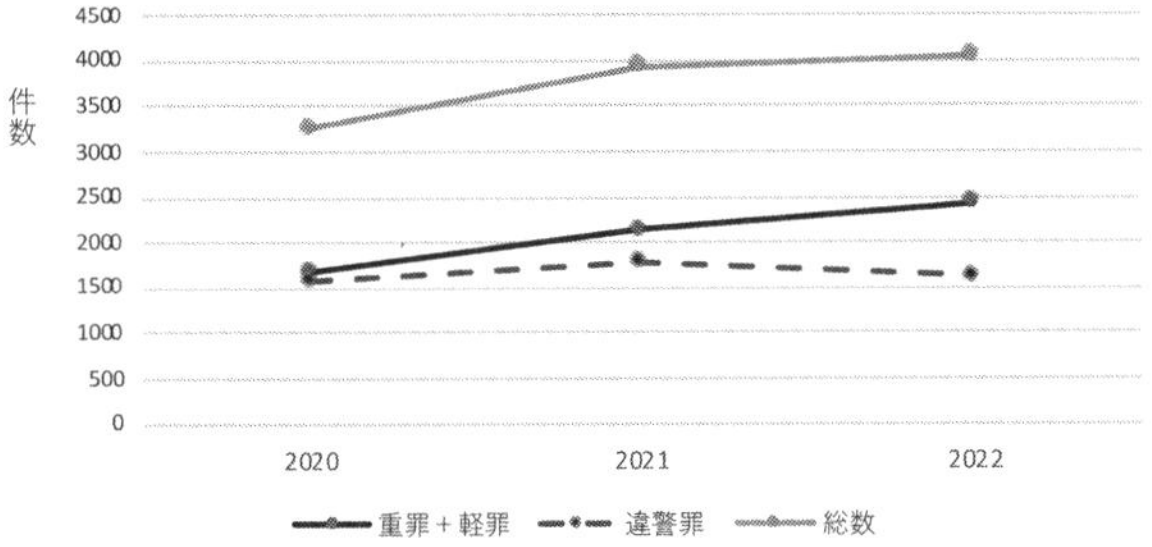

図2　反LGBT犯罪認知件数の推移

出典：仏内務省

懸念される。

二〇二三年には立て続けに深刻な事件が起きている。五月に仏中部の都市トゥールのLGBTセンターに爆発物が置かれ、警察が謀殺未遂で立件するというかなり重大な事件が起きた。[3] 六月にはパリ近郊モントルイユの副市長が同性愛者を狙い撃った強盗の被害者になった。[4]

このように法的な権利が認められている一方で、社会に同性愛嫌悪が根強くあるということが未解決の問題として残っている。

5　伝統的左派消滅の危機

政治的な観点からは、この一〇年間に同性婚の実現を担った社会党が著しく衰退していることが指摘できる。図3のグラフでは、左派の社会党、右派の共和党

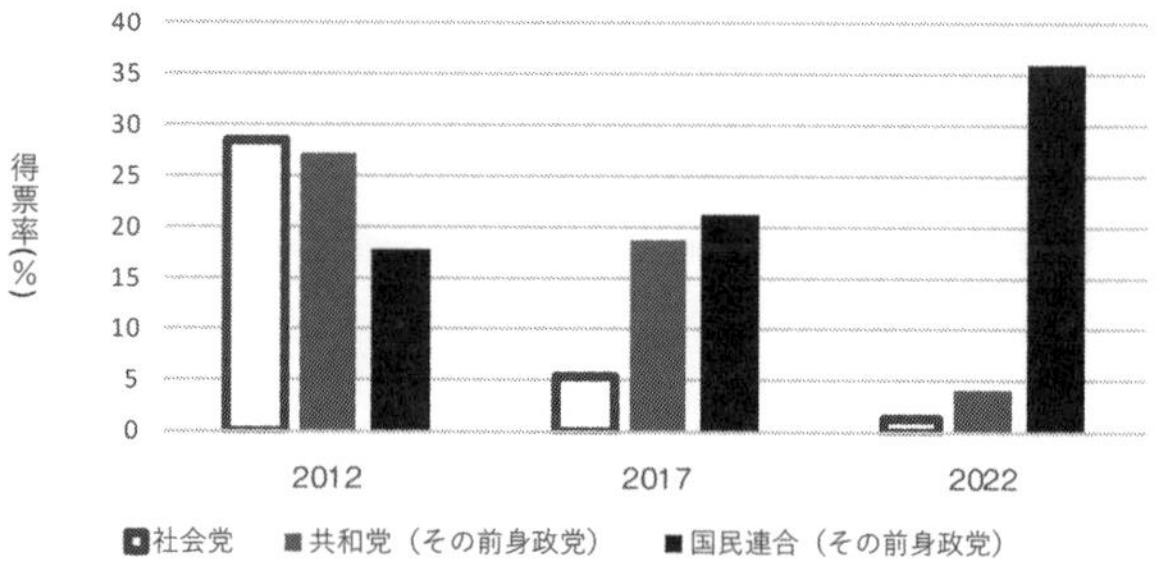

図３　大統領選第１回投票における得票率

出典：公式発表より齊藤作成

とその前身政党、極右の国民連合とその前身政党の、二〇一二年以降の大統領選挙第1回投票での得票率の推移を示した。同性婚が合法化された時の大統領は、社会党のフランソワ・オランドである。オランドは同性婚の実現を公約として二〇一二年に当選した。しかしわずかその五年後に社会党の候補は決選投票にすら進めなくなり、二〇二二年に社会党候補の得票率は一・三％にまで低下した。この一〇年間での社会党の著しい衰退は明らかである。これに対して極右の伸長は目覚ましい。他方、同性婚に反対していた伝統的中道右派の共和党もまた社会党と同様の運命をたどっている。従って、同性婚合法化のような道徳的・文化的に自由主義的な改革のバックラッシュによって社会党だけが衰退したわけではもちろんない。別の要因でこのような現状になっていると考えられる。

ここから見えるのは社会の分断を「自由主義対権威主義」、「平等対差別」のような対立軸からとらえることとの限界である。

ヨーロッパで同性カップルの法的承認の推進を担っている政治勢力は、左派、とりわけ社民である。ヨーロッパ社民は、一九八〇年代以降、ジェンダー平等、エコロジー、多文化政策へと軸足をシフトしたといわれる。そのことは、それまでの富の再分配をめぐる社会主義的政治対資本主義政治という対抗軸が、自由主義政治対権威主義政治のそれへと移動したことを意味する。自由主義的で文化的にはラディカルな政治傾向は「左翼リバタリアン政治」と呼ばれる。[5] 自己決定、個人の尊厳といったキーワードで語られる問題は、社会的再分配に関する論点を介さずに議論できる問題でもありうる。

同性婚の問題も、自由主義対権威主義という対抗軸に矮小化されてしまいかねない問題である。確かに同性婚の実現は重要な課題であったが、「ボボ（bobo）」[6]などと揶揄されるように、労働者や庶民が抱えている問題や困難に取り組む気がなさそうに見える、あるいはそれらを解決する能力がないとみなされたことが、社会党の衰退と極右の伸長につながった理由の一つであるように思われる。

フランス社会全体を俯瞰すると、一方で自由主義的な同性婚の承認、他方でそれと同時に起きたそれを担った政治的勢力の著しい退潮や根強い社会的ホモフォビアを解体しきれない状況は、実はコインの表裏なのではないかという気もするのである。

［注］

1　最近では、極右勢力と近いメナール市長が、アルジェリア籍の男性と仏人女性の結婚が「偽装」であるとして、その挙式を拒否。この男性は間もなく国外退去させられた。リベラシオン（電子版）二〇二三年七月二三日。

2　フランスでは罪に三つのカテゴリーがある。重罪は最も重い罪で殺人や強かんが代表的である。軽罪は中間的で窃盗やモラルハラスメント、違警罪は最も軽く、軽微な暴力はここに含まれる。

3　ルモンド（電子版）二〇二三年五月二五日

4　ルモンド（電子版）二〇二三年六月二二日

5　ヨーロッパにおける「新しい右翼」の台頭の背景分析として、このような枠組みを示しているのはキッチェルト（H. Kitschelt）である。宮本太郎「新しい右翼と福祉ショービニズム」齋藤純一編著『講座福祉国家のゆくえ5』（ミネルヴァ書房、二〇〇四）六八頁以下。少し古いものだが、この分析は今日のフランスに当てはまるように思われる。

6　Bohème-bourgeois の略。大都市圏に住みどちらかと言えば裕福な社会職業階層に属しながら、自己を政治的には左派とみなし、かつエコロジーに敏感な人を皮肉った呼び方。

【参考文献】

ロランス・ド・ペルサン著／齊藤笑美子訳『パックス』（緑風出版、二〇〇四）の訳者解説部分
齊藤笑美子「同性婚までと同性婚から——合法化の意味と今後の課題」日仏文化九二号（二〇二三）
齊藤笑美子「婚姻・家族とフランス憲法」辻村みよ子編集代表糠塚康江ほか編『社会変動と人権の現代的保障』（信山社、二〇一七）

ドイツでの同性婚まで二五年？　一六年？　四日？

京都産業大学教授　渡邉泰彦

1　ドイツの同性婚に至る道のりの概要

（1）三つの起算点

ドイツが同性間の婚姻（同性婚）[1]を導入するまでにどれだけの年限が必要であったのか。この問いの答えは、どの時点から起算するのかによって異なる。ここでは、①同性婚に関する連邦憲法裁判所一九九三年一〇月四日決定のきっかけとなった一九九二年の〝Aktion Standesamt〟、②婚姻以外の制度を採用した生活パートナーシップ法が成立した二〇〇一年、③同性婚を認める法案を具体的に審議するきっかけとなった二〇一七年六月二六日のメルケル首相の発言の三つの起算点を考えることができる。[2]

（2）立法主導型

同性婚の導入には、大きく分けて立法主導と司法主導の二つがある。ドイツは、同性婚導入の直接的な契機からすると立法主導型である。立法による同性婚の導入の場合には、議会の多数派である与党の姿勢が大きな影響を与える。

ドイツでは保守のウニオン（キリスト教民主同盟（CDU）とキリスト教社会同盟（CSU））または中道左派の社会民主党（SPD）を中心とする連立政権が続いていた。同性婚（登録パートナーシップ）の導入を目指す政党のみによる連立政権は、二〇〇一年の生活パートナーシップ導入時と二〇二一年以降の同性婚導入「後」のみであった。二〇〇五年からは、二〇一七年六月まで同性婚導入に反対し続けていたウニオンを中心とするメルケル政権が続いていた。その点で、ドイツは立法主導型となる条件を備えていなかったともいえる。

2　生活パートナーシップ法成立まで

（1）連邦憲法裁判所一九九三年一〇月四日決定

一九九二年八月一九日に男性カップルと女性カップル合わせて約二五〇組が約一〇〇カ

所の身分登録所に婚姻締結の手続を申し立てたが[3]、身分登録所は不受理とした（身分登録所運動（Aktion Standesamt））[4]。これに対して、約一〇〇組のカップルは、身分登録官に受理を命じることを求める訴えを提起した。そのうちニュルンベルクで提起された訴訟がバイエルン州最高裁で棄却され、憲法裁判所に上訴された。

連邦憲法裁判所一九九三年一〇月四日決定[5]は、「婚姻とは共同生活に向けられた男性と女性の間の合意である」として、同性カップルによる婚姻は認めなかった。だが、その理由として、異性であることが決定的な意味を持ち得なくなるほどの婚姻理解の根本的な変化について十分な論拠を認識できないと述べていたことから、婚姻理解が変化すれば同性婚は可能と考える余地を残した。Aktion Standesamt から二五年、この決定から二四年後にドイツでは同性婚が導入された。

（2）緑の党草案

緑の党は、一九九四年六月一五日に「同性の人のための婚姻締結の権利の導入に関する法律」草案を提出した[6]。「婚姻は、異性又は同性の二人の者により終生にわたり締結される。」という民法一三五三条一項一文の文言は、二〇一七年の同性婚導入の際に改正された民法の規定と同じであった。

(3)「同性共同体差別撤廃法：生活パートナーシップ法」の成立

一九九八年の連邦議会選挙に勝利したSPDは、緑の党と連立政権を組み、同性登録パートナーシップの導入に向けて立法を進めていった。一九九九年に連邦法務省が「同性愛者差別撤廃のための法律：生活パートナーシップ」試案を公表し、二〇〇〇年にSPDと緑の党の議員が「同性共同体差別撤廃法：生活パートナーシップ法（Lebenspartnerschaftsgesetz-LPartG）」草案を提出した。

しかし、SPDと緑の党の与党は、連邦参議院（Bundesrat）において多数派を確実には形成できなくなった。法案すべてが否決されることを避けるために、連邦参議院の同意が不要な法律をまとめた草案（生活パートナーシップ法草案）、同意が必要な法律をまとめた草案（生活パートナーシップ補足法草案）に分割された。連邦議会で可決された生活パートナーシップ法は二〇〇一年八月一日から施行された。

当初の草案において、基本法六条一項の婚姻の特別の保護に反しないように生活パートナーシップには婚姻との違いが設けられていた。さらに、生活パートナーシップ補足法草案に振り分けられた、身分登録法（身分登録所の管轄）、行政法、税法（所得税、贈与・相続税など）、社会保障法、移民法など州の組織、財政に関係し、成立に連邦参議院の同意を必要とする部分は廃案となった。婚姻との差はますます広がった。

3 生活パートナーシップ法成立後（同性間の婚姻まで一六年）

（1）生活パートナーシップ法改正

生活パートナーシップ法に反対する立場は、同法が基本法六条一項に定める婚姻と家族の特別の保護に反して違憲と主張していた。連邦憲法裁判所二〇〇二年七月一七日判決[7]は、「同性共同体差別撤廃法：生活パートナーシップ法」が基本法六条一項の保障する婚姻締結の自由にも婚姻の制度保障にも反しないと判断した。同判決は、基本法六条一項による婚姻の保護について、婚姻を他の生活スタイルよりも有利に扱うことを認めているが、婚姻以外の生活スタイルを不利に扱うことまでも求めているのではないとした。

そして、二〇〇四年に成立、二〇〇五年に施行された生活パートナーシップ改訂法（Gesetz zur Überarbeitung des Lebenspartnerschaftsrechts）により、生活パートナーシップは、婚姻に関する民法の規定を準用することで、婚姻と同様の効果を有することになった。また、連れ子養子縁組の規定が定められ、同性カップルと子の家族が認められた点でも重要である。さらに、社会保障法において遺族年金、養育年金、解消時の年金分割で婚姻と同様になった。しかし、身分登録法、税法などの改正は行われず、婚姻との違いは残り続けた。

（2）マルコ事件と判例の転換

二〇〇五年の政権交代により、保守のウニオンを中心とするメルケル政権となり、立法による同性婚導入の動きは停滞した。

司法では、既婚の公務員に給付される家族手当（連邦給与法四〇条）について連邦憲法裁判所二〇〇七年九月二〇日決定、二〇〇八年五月六日決定[8]、連邦及び州年金庁の定款における生活パートナーの受給権について連邦通常裁判所二〇〇七年二月一四日判決は[9]、生活パートナーに認められないことが平等原則に違反せず合憲と判断した。一般的平等原則（基本法三条一項）の例外を婚姻の特別の保護（基本法六条一項）が正当化することが理由とされていた。

このような状況を転換したのが、ヨーロッパ司法裁判所二〇〇八年四月一日判決[10]である。

この事案では、男性カップルの一方が死亡し、生存パートナーがドイツ劇場年金機構に寡夫年金を請求したが、生活パートナーからの請求は定款で予定されていないとして、年金機構は請求を拒絶していた。同判決は、ドイツ劇場年金機構の遺族年金の問題が一般雇用均等指令[11]の適用範囲に入るとしたうえで、夫婦（配偶者）と生活パートナーが比較可能な状況にあることから、性的指向に基づく直接的差別が存在すると判断した。[12]

これ以後、連邦憲法裁判所二〇〇九年七月七日判決[13]は、連邦及び州年金庁の定款における生活パートナーの受給権を認めないことが、基本法三条一項の平等原則に反すると判断した。基本法三条一項の一般的平等原則と六条一項の婚姻の特別の保護の関係について、「性的指向に基づく区別には、性別に基づく場合と同様に、特に重大な理由を正当化として必要とする」とした。その後、同じ理由で生活パートナーシップと婚姻との違いを違憲とする判断が判例で続いた。[14]

（3）生活パートナーシップと縁組

生活パートナーの一方の「実子」と他方との連れ子養子縁組は二〇〇四年改正で認められる。さらに、連邦憲法裁判所二〇一三年二月一九日は、生活パートナーの一方の「養子」と他方との縁組を認めない民法の規定を基本法三条一項の一般平等原則に反して違憲と判断した。[15] ここでは、養親のカップルではなく、生活パートナーの養子が、夫婦の一方と縁組した他方の養子と比べて不利益を受けていることを理由とする。

しかし、生活パートナーによる「共同」縁組は、同性婚が導入されるまで認められなかった。[16]

（4）生活パートナーシップ法からの示唆はあるのか？

同性カップルの法的利益を保護するにあたり、登録パートナーシップ制度の導入で十分であるのかを、ドイツの状況から考えてみたい。

まず、前提として、一九九〇年代に北欧諸国などで導入された同性登録パートナーシップが婚姻と同様の効果を認めたとは異なり、ドイツの生活パートナーシップは、婚姻に比べて法的保護の範囲が狭かった。つまり、「同性登録パートナーシップ制度」は多様であり、同性カップルが必要とする法的保護を保障するとは限らない。

登録パートナーシップ法のみを定めても、同性カップルの法的利益が全て保障されるのではない。例えば、税法や社会保障法など民法典以外の諸法において「婚姻」という文言を「婚姻及び登録パートナーシップ」、「夫婦」という文言を「夫婦及び登録パートナー」に改正する必要がある。文言の修正のための法律改正が行われないと、同性カップルはその法的利益、保護を受けることができない。

立法が対応しない場合には、個別の法律について当事者である同性カップルが平等原則違反として司法手続により法改正を促す必要がある。ドイツの判例は、性的指向に基づく区別には「特に重大な理由を正当化として必要とする」として、例外的に区別することを認めていた。しかし、婚姻との違いを正当化する理由はなかった。婚姻と登録パートナーシップの間の差異は、単なる平等原則違反にすぎないのである。個々の問題を個々の訴訟で改善する時間と費用の浪費を登録パートナーシップ制度は当事者に強いているといえよう。

4　二〇一五年連邦議会法務・消費者保護委員会公聴会

緑の党は、連邦議会第一二会期の一九九四年に同性婚導入の法案を提出してから、会期ごとに同様の法案を提出してきた。左翼党、野党時のSPD、連邦参議院も動議（Antrag）または法案（Gesetzentwurf）を第一七会期（二〇〇九年～二〇一三年）から提出していた。

連邦政府は、二〇一五年に民法、行政手続法ほか行政法令、民事訴訟法、身分登録法、生活パートナーシップ法など合わせて三二の法令の改正を行う「生活パートナーの権利の解決に関する法律（Gesetz zur Bereinigung des Rechts der Lebenspartner）」草案を提出した。緑の党と左翼党は同性婚を導入する草案をそれぞれ提出していた。また、連邦参議院では二〇一五年に四州[17]から提出された「同性の人のための婚姻締結の権利の導入に関する法律」草案の法律動議[18]が可決され、連邦議会に提出された。[19]

二〇一五年九月二八日に、連邦議会法務・消費者保護委員会は、連邦政府草案、左翼党草案、緑の党草案を対象とする公聴会を開催した。[20] その後、連邦政府による「生活パートナーの権利の解決に関する法律」が成立している。

この公聴会は、ドイツにおける同性婚をめぐる議論の縮図となっている。以下では、①基本法六条一項の改正が必要か、②基本法六条一項の成立過程の理解、③婚姻と生殖能力の関係、④婚姻概念の変遷を考慮するか、⑤比較法研究の理解の点について、公聴会での意見を整理する。

（1）基本法六条一項の改正は必要か

基本法六条一項「婚姻と家族は、国家秩序の特別の保護の下にある」と定めている。同性婚を認めるために、民法の改正だけでよいのか、さらに基本法六条一項の改正が必要であるか否かが問題となった。具体的には、基本法六条一項が定める「婚姻」において、異性であることが、婚姻概念の変化しないメルクマールとして存在しているのかが対立点となる。

同性婚に反対する立場（以下、反対派とする。）からは、基本法六条一項により特別に保護される婚姻とは男女間の継続的な結びつきであり、異性愛原則は当然に婚姻概念の憲法上保護された中核となる。そのため、憲法上の婚姻概念の中核的内容の変更には、憲法改正が必要であると主張した。

同性婚に賛成する立場（以下、賛成派とする。）は、立法機関が同性カップルに民事婚を拡大することと基本法六条一項は矛盾しないと考える。憲法上の婚姻概念において、当事者が異性であることは、社会の変化にともない変化しうる要件とする。

（2）基本法六条一項の成立過程

基本法六条一項の婚姻概念とワイマール共和国憲法一一九条一項[21]との関係の捉え方にも両者の間に違いが見られる。それに関連して、基本法六条一項の成立過程において「男女の継続的社会的共同体」および「家族の基礎」という文言が最終的に取り入れられなかったことの意味の捉え方にも違いがある。

反対派は、ローマ法の時代から、婚姻は生殖に向けられたものであると理解する。そして、基本法の成立過程において、原案として「婚姻は、男女の継続的生活共同体の適法な様式である」「婚姻は、家族の基礎である」という文言を含んでいた点を指摘する。そして、起草者が基本法六条一項の婚姻概念の特徴として夫婦が異性であるとしていたこと、同性カップルによる婚姻締結が基本法の審議では全く考慮されていなかったことを述べた。

これに対して、賛成派は、基本法六条一項が「婚姻『と』家族」として、それぞれを独立して保障していると理解する。成立過程において、子のない婚姻をセカンドクラスの婚姻として差別することになりかねないという理由から、「婚姻から生じる家族」という文言が採用されなかったと指摘する。そして、子のない婚姻も婚姻基本権の保護を享受し、セカンドクラスの婚姻として差別されないことを認めるならば、同性カップルは憲法上の婚姻概念から排除されないと述べる。

また、起草者は、婚姻概念に同性カップルを含むかを議会審議の対象としなかったのであるから、基本法六条一項を同性婚の承認と矛盾するものと自覚して構想したのではないとする。さらに、歴史上の憲法起草者が有したイメージは憲法解釈にとって必須の基準ではなく、社会的変化が憲法解釈を多くの観点において変更してきたと述べる。

（3）婚姻と生殖能力

反対派は、「潜在的な」生殖能力を有する婚姻から家族が生じるため、婚姻と家族は密接に関連していると述べる。そして、二人の当事者による継続的な共同生活の存在のみで、国家の保護義務を生じさせることはできないとする。この保護義務は、潜在的な生殖能力が考慮される場合にのみ正当化されると考える。

これに対して、賛成派は、潜在的であっても生殖能力が婚姻を特徴づけるメルクマールであることを否定する。公述人の一人であるヴァプラー（Friederike Wapler）教授は、非婚の父母、父母の一方のみと生活する子の数が増加している今日では、婚姻が子を育てる最善の場、優遇された場であるとみなすことはできないとも述べる。また、妊娠の可能性も、子への望みも、婚姻締結の要件ではないことを指摘する。

他にブロシウス–ガースドルフ（Frauke Brosius-Gersdorf）教授は、基本法六条一項は、異なる機能が与えられた、独立した、体系的に別個の制度として婚姻と家族を保障していると考える。そして、婚姻保護が、生殖機能ではなく、夫婦のパートナー的扶助機能と責任機能に基づくと述べる。そして、婚姻は、パートナー的な扶助共同体、責任共同体としての機能により国家の負担を軽減しているという理由により、憲法の特別の保護を受けているとする。

（4）婚姻概念の変遷

賛成説は、社会的変遷が多くの観点において憲法解釈を変更してきたことを指摘する。[22] 例えば、アンケート調査では同性婚に賛成する世論が多数を占めるようになったという同性婚に対する国民の理解の変化などをあげる。

反対説は、社会的変遷、学説は法源ではないとする。そして、社会観の変遷は、それ自体として憲法改正に導くことはできず、予定された手続において基本法を変更するきっかけを与えるのみであると述べる。言葉にしても、「同性–婚（Homo-Ehe）」という概念は、婚姻（Ehe）との区別を裏付けるとする。

（5）比較法

賛成説は、外国において同性婚が認められていることを論拠の一つとする。

反対説は、修正一四条の平等保護（equal protection clause）を含むアメリカの憲法において婚姻とその保護についての特別規定がない点で、ドイツの状況とは異なるとする。もしドイツ基本法に六条の規定がなく一般平等原則が審査基準となるのであれば、同性婚を肯定するだろうと述べる。

（6）小括

法務委員会の公聴会では、ブロシウス-ガースドルフが新しい見解（前記（3））を示したほかは、従来の論拠を繰り返しているともいえる。二〇一五年の段階で、同性間の婚姻を導入する理論的基礎は用意されていたともいえる。しかし、同性婚が二〇一七年に導入されるまでには、あと二年かかった。

5 世論調査

前記3（4）婚姻概念の変遷でも問題となった、婚姻に対する国民の理解の変化を、いくつかの世論調査を示していた[23]。

二〇一六年、二〇一七年に複数行われた世論調査では、同性婚に賛成が全体で過半数を超えるものの一番多くて八割、平均的に七割程度であった。二～三割程度の反対層があることが、同性間の婚姻の導入を躊躇する理由とはならないことを示している。さらに、生活パートナーシップの権利拡大を含めてもウニオン支持者では賛成が七割に達していなかったにもかかわらず、同性婚導入後にウニオンが同性婚の廃止を求めたことはない。

6 政治的状況[24]

メルケル第一次政権から同性婚導入時の第三次政権までは、同性婚導入に反対するウニオンと賛成する連立相手（SPD、FDP）の間で合意できなかった。与党内ではウニオンが反対するため、野党が同性婚法案を提出し、連邦議会法務委員会での審議が続いた。ウニオンも、同性婚に賛成する連立相手の顔を立てて、連邦議会で議決（否決）することはしない。会期末まで審議延期を繰り返し、連邦議会で審議せずに廃案とすることが続いていた。法務委員会において、左翼党と緑の党の法案について二〇一五年九月から二〇一七年三月まで二五回、連邦参議院からの法案について二〇一六年一一月から二〇一七年三月までに八回、審議が延期された。

二〇一七年六月には連邦議会第一八会期もあと一ヶ月をきり、「同性の人のための婚姻締結の権利の導入に関する法律」について、九月の連邦議会選挙に向け、六月一七日に緑の党は党大会で選挙綱領に取り入れることを明確にした。それでも、六月二一日には連邦議会での審議日程を延期しており、与党は法案を可決する気はなかった。SPDもFDPも、連邦議会選挙に向けて、同性婚の導入を訴えるという姿勢が見えた。

六月二六日にメルケル首相は、雑誌の公開インタビューで、同性婚の問題について、良心の判断（Gewissensentscheidung）の方向に議論が向かってほしいと発言した。これは事実上、同性婚導入へのゴーサインであった。[25] その後、二八日の法務委員会で連邦議会の審議日程に組み込むことがきまり、三〇日に連邦議会で「同性の人のための婚姻締結の権利の導入に関する法律」が可決された。採決にあたり、ウニオンは党議拘束を外した。メルケル首相の発言から四日目に、連邦議会で可決されたことになる。

7　同性婚導入とその後

（1）同性の人のための婚姻締結の権利の導入に関する法律

二〇一七年七月二〇日に「同性の人のための婚姻締結の権利の導入に関する法律（Gesetz zur Einführung des Rechts auf Eheschließung für Personen gleichen Geschlechts）」[26]が成立し、同月二一日に公布、一〇月一日から施行された。同法は、民法一三五三条（婚姻上の生活共同体）一項一文を「婚姻は、異性又は同性の二人の者により終生にわたり締結される。」[27]という改正を中心とするものであった。

同性婚の導入により、生活パートナーシップの新規登録は認められない。また、生活パートナーシップを設定している当事者は、婚姻に変更することができる（生活パートナーシップ法に二〇条a、[28]身分登録法一七条a）。

婚姻の効果などの改正は含まれておらず、後に別の法律で整備されることになる（後述3）。

（2）同性カップルの婚姻締結数

二〇一七年から二〇二二年末までに九万六〇〇〇組を超える同性カップルが婚姻を締結

図表1　年ごとの婚姻締結数

年	同性間	男／男	女／女	変更*	新規	異性間
2022	10,043	4,664	5,379	855	9,188	390,743
2021	8,710	4,068	4,642	934	7,776	349,075
2020	9,939	4,663	5,276	1,554	8,385	363,365
2019	14,021	6,815	7,206	4,816	9,205	402,303
2018	32,904	16,766	16,138	21,477	11,427	416,562
2017	11,147	6,080	5,067	8,989	2,158	−

※変更は、生活パートナーシップから婚姻に変更したカップルの数

ドイツ連邦統計局（Statistisches Bundesamt）の統計[29]をもとに作成

した（図表1、二〇一七年の同性間の婚姻締結は、一〇月から一二月の期間のみである。同期間内の異性間の婚姻締結数は掲載していない）。同性間での新規の婚姻締結数は、二〇一六年の生活パートナーシップの新規登録（七七三三組）を超えている。コロナ禍での減少を経た後、二〇二二年には再び増加している。

（3）諸法の改正

前述のように、二〇一七年「同性の人のための婚姻締結の権利の導入に関する法律」では、民法一三五三条の規定を改正するだけであった。二〇一八年一二月一八日「同性の人のための婚姻締結の権利の導入に関する法律実施法」[30]（"Gesetz zur Umsetzung des Gesetzes zur Einführung des Rechts auf Eheschließung für Personen gleichen Geschlechts"）（同月二一日公布・施行）により、民法などでの婚姻の効果など

に関する規定、身分登録法など諸法が改正された。

(4) 討議部分草案「実子法」

同性婚の導入により、同性カップルによる共同縁組も認められることとなった。これに対して、民法の実子に関する規定は、同性カップルには適用されていない。例えば、同性カップル、とりわけ女性カップルの一方が子を出産した場合の、他方との親子関係を判例はドイツ法の下では認めていない[31]。討議部分草案「実子法」は、女性カップルにおけるコマザー関係を、父子関係と同様に定めることを提案している[32]。

8 おわりに

本稿では、同性婚訴訟の提起、生活パートナーシップの導入を経て民法改正に至った二五年の過程を示してきた。メルケル首相の発言から四日で同性婚の導入は決まった。短期間で同性婚導入を可能とした状況を作り上げるための背景をドイツは示している。しかし、日本も同様の過程を経る必要があると述べたいのではない。むしろ、四日でできることに何故このような回り道をしなければならなかったのか、これもドイツから得るべき示唆であろう。

同性登録パートナーシップである生活パートナーシップは、当初は同性カップルの法的保護のために導入された。しかし、その不十分さのために、同性カップルの権利拡大を抑止する働きをし、最終的には同性婚導入に反対する保守派が維持を求めるという結果になった。

筆者は二〇〇二年の段階で同性登録パートナーシップの導入を提案したことがある。[33] それから二〇年以上が経過した現在において、同性登録パートナーシップを経過的に導入することなしに、同性婚を導入すべきと考えている。

[注・参考文献]

1 本稿では、同性婚という用語を、同性間の婚姻という意味で用いる。同性カップルのための婚姻類似の制度には、同性登録パートナーシップなどの語を用いている。

2 二〇二三年七月九日のシンポジウムでは、憲法裁判所判決から二四年、メルケル首相の発言の日を含めて五日とした題で報告した。本稿では、前者の起算点を変えて二五年、後者について発言した日を算入せず四日とした。

3 当時のドイツ民法の規定では、婚姻締結の手続の前に婚姻予告（Aufgebot）を申請する必要があった。婚姻予告の制度は一九九八年に廃止されている。

4 この運動は、ドイツ・ゲイ連盟（ＳＶＤ）、現在のドイツ・レズビアン・ゲイ連盟（ＬＳＶＤ）が主導した。この運動に至るまでの活動を含めて中心人物が回顧するものとして、Manfred Bruns, Aktion Standesamt: Homosexuelle Paare wollten heiraten und protestierten 1992 gegen Eheverbot, in : Lesben, Schwule Partnerschaften, Hrsg. von Senatsverwaltung für Jugend und Familie Referat für gleichgeschlechtliche Lebensweisen, Berlin 1994, S.46. ＬＳＶＤのホームページ（https://www.lsvd.de）にも再掲されている。

5 NJW 1993, 3085 = FamRZ 1993, 1419. 同決定は、富田哲「なぜ婚姻は男と女でなければならないか—ドイツにおける最近の判例から—」行政社会論集 八巻四号（一九九六）二二八頁以下に紹介されている。

6 Entwurf eines Gesetzes zur Einführung des Rechts auf Eheschließung für Personen gleichen Geschlechts, BT – Drucks. 12 / 7885.

7 BVerfGE 105, 313.

8 BVerfG, NJW 2008, 209 = FamRZ 2007, 1869 und BVerfG, NJW 2008, 2325 = FamRZ 2008, 1321.

9 BGH, FamRZ 2007, 805.

10 C - 267 / 06, Maruko [2008] European Court reports I-01757.

11 Council Directive 2000/78/EC of 27 November 2000 establishing a general framework for equal treatment in employment and occupation.

12　マルコ事件前後のドイツの判例の変化については、渡邉泰彦「ドイツ同性登録パートナーシップをめぐる裁判例――退職年金と相続税について」産大法学四五巻三・四号（二〇一二）一一一頁を参照。

13　BVerfGE 124, 199. 遺族年金に関する連邦通常裁判所二〇〇七年二月一四日判決の上告審。

14　相続税・贈与税について連邦憲法裁判所二〇一〇年七月二一日決定（BVerfGE 126, 400）、公務員の家族手当について連邦憲法裁判所二〇一二年六月一九日決定（BVerfGE 131, 239）、土地取得税の免税について連邦憲法裁判所二〇一二年七月一八日決定（BVerfGE 132, 179）、所得税法の合算課税方式の適用について連邦憲法裁判所二〇一三年五月七日決定（BVerfGE 133, 377）。

15　BVerfGE133, 59. 渡邉泰彦「同性の両親と子―ドイツ、オーストリア、スイスの状況―（その1）」産大法学四七巻三・四号合併号（二〇一四）二九〇頁で詳細を紹介している。

16　生活パートナーシップと共同縁組をめぐる議論については、渡邉泰彦「同性の両親と子―ドイツ、オーストリア、スイスの状況―（その2）」産大法学四八巻一・二号合併号（二〇一五）二一七頁を参照。

17　ラインラント-プファルツ州、バーデン-ヴルテンベルク州、シュレスヴィヒ-ホルシュタイン州、チューリンゲン州。

18　BR-Drucks. 273/15.

19　BT-Drucks. 18/6665.

20　本稿における公聴会の意見は、次の拙稿の内容を要約したものである。渡邉泰彦「同性婚による婚姻概念の変容―ドイツ連邦議会法務・消費者保護委員会公聴会より―」同志社法学六八巻七号

（二〇一七）五二七頁。
21　ワイマール憲法一一九条一項「婚姻は、家族生活並びに国民の維持及び増殖の基礎として憲法の特別の保護の下にある。婚姻は、両性の同権に基づく。」
22　野党草案も、生活パートナーシップの法制度の導入の結果、婚姻理解の基礎的な変化が生じたとして、法解釈の分野以外での社会の変遷について指摘している（BT-Drucks. 18/5098, S. 5.）。
23　世論調査については、渡邉泰彦「ドイツにおける同性婚導入」京都産業大学総合学術研究所所報一三号（二〇一八）一頁で紹介している。
24　二〇一七年における同性婚をめぐる政治状況、立法の進展については、渡邉・前掲京都産業大学総合学術研究所所報一三号において説明している。
25　メルケル首相自身は、生活パートナーによる共同縁組を導入することには賛成するが、同性婚導入には反対するという考えを示した。
26　BGBl. I S.2787.
27　その他、外国人の婚姻要件具備証明書に関する民法一三〇九条には、本国法が同性婚を予定しない場合に同条一項を適用しないとする規定（同条三項）が挿入されたが、二〇一八年に削除された。
28　生活パートナーシップ法第二〇条a「二人の生活パートナーが相互に自ら、同時に出席して、互いに婚姻を生涯にわたり行うことを望むことを宣言するときは、生活パートナーシップは、婚姻に変更する。宣言に条件又は期限を付すことはできない。宣言は、身分登録官の前で行われたときは、効力を生じる。」
29　https://www.destatis.de/DE/Themen/Gesellschaft-Umwelt/Bevoelkerung/Eheschliessungen-

Ehescheidungen-Lebenspartnerschaften/Tabellen/eheschliessungen-paarkonstellation.html

30 BGBl. I S. 2639.

31 判例では、外国で認められた親子関係（コマザー関係）は承認している。

32 討議部分草案「実子法」については、渡邉泰彦「ドイツ実子法改正の動向：ワーキンググループ実子法から討議部分草案まで」産大法学五四巻二号（二〇二〇）三二五頁を参照。

33 渡邉泰彦「同性登録パートナーシップ試案」同志社法学二八五号（二〇〇二）一四一頁。

「ジェンダー平等」と性的マイノリティの権利

——台湾における婚姻平等を中心的事例として[1]

東京大学准教授　福永玄弥

本稿の目的は、フェミニストの主張した「ジェンダー平等」というアプローチが性的マイノリティの人権課題を包摂して推進された台湾の事例をとりあげ、手放しでそれを称揚するのでなく、かといって異なる歴史を歩んだ日本のわたしたちには理解できないものとして他者化するのでもない立場から接近し、批判的な検討を試みることである。法学ではなく社会学的アプローチを取る本稿は本書のなかでも異質なポジションを占めるかもしれないが、喉に刺さって水を呑んでもなかなか取れない魚の小骨のように「婚姻平等」に対していびつ《クィア》な接近を試みてみたい。

二〇一九年五月二四日、台湾で「司法院釈字第七四八号解釈施行法」が施行され、アジアで初めて同性婚が法制化された。本稿では同性婚の法制化を促進した要因について、社会運動とマクロな社会変動に焦点を当てて考察する。前者については、特に性的マイノリティ運動と女性運動、そしてこれらに対するバックラッシュとしての保守運動という三つのアクターに着目する。

結論を先取りすると次のようになる。台湾における同性婚あるいは婚姻平等の実現は、なによりも性的マイノリティ運動と女性運動による「成果」であった。ただしそれは「限界」でもあった。というのも、当初は「異性愛中心主義」と「婚姻中心主義」に対して異議を申し立てたラディカルな性的マイノリティ運動が、宗教右派の主導するバックラッシュと交渉する過程で保守化を余儀なくされ、ラディカリズムを放棄して婚姻平等を最適解とする路線に収縮＝後退したからである。そして民主化というマクロな社会変動が婚姻平等の実現を促進する大きな要因となった。

1　「ジェンダー平等」と性的マイノリティの権利

冷戦の終焉やグローバルな民主化の潮流といった地政学的変化を背景に、一九八〇年代後半から九〇年代にかけて台湾で民主化が進展した。日本の植民統治から解放されてなお国民党の独裁体制のもとで厳しく抑圧された社会運動は、雨後の筍のように勃興した。なかでも女性運動の発展は著しく、とりわけ法の領域で――立法や法改正という点で――さまざまな成果を達成することに成功した。

フェミニストがとりわけ焦点を当てたのが民法改正であった。一九一二年に大陸で成立した中華民国を背景とした民法親族編（一九三一年施行）は伝統的な儒教規範を色濃く反映し、それゆえフェミニストはこれを家父長制の象徴とみなして改正運動を展開したのである。その結果、一九九六年から二〇〇〇年代にかけて「父権・夫権優先条項」は段階的に改正され、イエ制度の「民主化」「男女平等化」が進展した。このほか、二〇〇一年には女性の就労する権利を保障する両性労働平等法（両性工作平等法）が制定された。女性に対するさまざまな暴力の犯罪化も達成し、一九九七年に性暴力犯罪防止法（性侵害犯罪防治法）、九八年にDV防止法（家庭暴力防治法）、そして二〇〇五年にはセクシュアル・ハラスメント防止法（性騒擾防治法）が成立している。興味深いのは、これらの立法や法改正が婦女新知基金会をはじめとする民間の女性団体に所属するエリート・フェミニストによって起草あるいは主導されたという事実である。[2]

フェミニストの数ある政治的達成のなかでもとりわけ重要なのが、二〇〇四年に制定されたジェンダー平等教育法（性別平等教育法）である。この立法によって、妊娠・出産した女子生徒の就学の権利や、学校における性暴力やセクシュアル・ハラスメントの防止・救済手段が確立された。そしてこの法律は、同性愛やトランスジェンダーといった性的マイノリティの児童・生徒の人権保障を主眼のひとつとし、「性別」だけでなく「性的指向」や「ジェンダー・アイデンティティ」を含む包括的な「ジェンダー平等」の達成を目標に掲げた（福永2017c）。シスジェンダーでヘテロセクシュアルであることを前提とした既存の「両性（男女）平等」路線を修正し、性的マイノリティの人権課題を包摂した「ジェンダー平等」を提唱したのである。

「ジェンダー平等」というインクルーシブな路線は、フェミニストと性的マイノリティ運動による連帯が可能にしたものであった。性的マイノリティの社会運動は一九九〇年代なかばにフェミニズムに触発され、あるいは先行する女性運動から資源を分有されて台頭し、ヘテロノーマティヴな社会に対する挑戦や批判的介入を試みた。その結果、同性愛やトランスジェンダーといった性的マイノリティの子どもたちが学校においてさまざまな暴力に対して脆弱な状況に置かれていることが、ジェンダー平等教育法を起草したフェミニストのグループによって「発見」されたのである。そして二〇〇四年に成立したジェンダー平等教育法が台湾における「ジェンダー主流化」の成功例として位置づけられたことから、これ以降に台湾で進展したジェンダー主流化に関連する政策や施策はおしなべて性的マイノリティの人権課題を包摂することになる。[3]

2 「多様な家族」という挑戦

台湾において「ジェンダー平等」を掲げ、性別と性的指向とジェンダー・アイデンティティにもとづく差別を禁止した数々の立法・法改正は、女性運動と性的マイノリティ運動による働きかけを直接的な契機として実現した。婚姻平等の達成においても女性運動のプレゼンスは大きく、二〇〇九年にレズビアンフェミニストらが設立した台湾伴侶権益推動連盟（伴侶連盟）という民間団体が重要な役割を果たした。

伴侶連盟は法学を専門とするプロフェッショナルなフェミニストの集団である。二〇一三年、彼女たちは三つの異なるアイデアから構成される「多様な家族（多元成家）」草案を立法院へ提出した。第一に「婚姻平等」案で、民法改正により婚姻関係を同性間にも拡大するというアイデアである。第二の「パートナーシップ制度」案は、特別立法で二者間の親密な関係性を法的に保障するものである。これは当事者の性別や性的指向やジェンダー・アイデンティティを問わないこと、また「排他的な性関係」を規定しないという特徴をもった。最後が「家属制度」案である。民法を改正して、二人または二人以上の共同生活者に「家族」としての権利を付与するというアプローチである。独創的な第三案は、性的マイノリティだけでなく経済的に周縁化されたシングルマザーや移住労働者や障害者といったマイノリティの包摂を想定したもので、婚姻制度に根ざした既存の「家族」をめぐる規範や制度のラディカルな変革を求めるアイデアであった。

伴侶連盟はこれらの「多様な家族」草案を準備した背景について、次のように述べる(台湾伴侶権益推動連盟 2013b)。

> 私たちの運動は異性愛中心主義と婚姻中心主義に挑戦するものであるから、婚姻平等だけを推進するということはありえない。同性愛者であろうとなかろうと、結婚は家族をつくるための唯一の想像ではなく、幸せになるための唯一の方法であってもならない。結婚という、権利と義務が法的に厳しく規制された家族の形式を誰もが好み、必要とするとは限らない。……もし〔私たち〕伴侶連盟が婚姻平等だけを推進したり、婚姻平等を他の二案よりも優先すると認めたりしたら、すべての人を強制的に婚姻に押しやり、他の形態の家族が抱えるニーズを無視することになる。……伴侶連盟が三

つの案をひとまとまりとして推進する理由は、平等と多様性に対する私たちの信念にもとづくものである。

近代国民国家は、婚姻制度をつうじて一対の異性間に道徳的・法的特権を付与することにより親密な関係やケア関係の自由を制限してきた歴史をもった（Brake 2012=2019）。同性間の親密関係が国家機構の承認を受けていなかった台湾において、伴侶連盟が提起した「多様な家族」草案は親密関係やケア関係の再想像＝創造を試みたラディカルな運動であった。

しかし伴侶連盟のラディカルな運動はやがて「婚姻平等こそが性的マイノリティにとって真の平等である」といったスローガンへと収縮し、彼女たちの挑戦は二〇一九年の婚姻平等の実現をもって「成功」に終わった。いったいなにが彼女たちのラディカルな運動を保守化へと導いたのだろうか。

3　保守派の市民連合とバックラッシュ

二〇一三年一一月三〇日、「多様な家族」草案に危機感を抱いた保守派が「婚姻を決めるのは国民だ」というスローガンを掲げて抗議集会を開催した。宗教右派が共同主催を務め、集会には約三〇万人が参加したとされる。
「多様な家族」というアプローチに対する抗議を目的に組織化されたバックラッシュは、キリスト教や仏教、一貫道、統一教会など、多様な宗教団体による市民連合だったが、その中核を担ったのはプロテスタント右派である。そしてプロテスタント右派が主導したバックラッシュは「同性婚」と「ＬＧＢＴ教育」を主な標的として位置づけて抗議運動を展開していくこととなる。[4]
　ここでプロテスタント右派による性政治への介入について見ておきたい（Huang 2017）。台湾のプロテスタントは冷戦体制下で国民党政府と同盟関係を形成したが、二〇〇〇年代に入ると性政治への介入を進めていく。特に「同性愛者の権利」に照準を合わせ、「同性婚」と「ＬＧＢＴ教育」に焦点を当てて攻撃を集中させている。[5]二〇一三年以降に盛りあがった婚姻平等に対する抗議運動では、数億円にのぼるとされる潤沢な資金が動員され、テレビや新聞やネットにはネガティブ広告が掲示された。
　プロテスタント右派の動向を検討するうえで、東アジア内で形成された宗教ネットワークを看過することはできない。なかでも宣教師派遣国として成功を収めた韓国のプロテスタント右派の影響は大きく、台湾のカウンターパートは一九九九年以降ソウルの汝矣島《ヨイド》純福音教会を訪問して交流を重ねてきた。[6] その影響を受け、台湾のプロテスタント右派は「国家の変革」を使命に掲げて性政治への道徳的介入を本格化させていった。

また宗教起業家の台頭も重要である。かれらはキリスト教のアイデンティティを抑制し、世俗的な言説を用いて保守市民を動員してきた。台湾では「家族の伝統」や「子どもの未来」といった世俗道徳と、儒教を基盤とした中華ナショナリズムを結びつけた言説を形成して保守市民の動員に成功している。

4 性的マイノリティ運動の保守化

一九九〇年代なかごろから二〇〇〇年代にかけて、台湾ではラディカルな社会変革を主張する性的マイノリティの「性解放運動」が発展を遂げた（何春蕤 2013; 福永 2017b）。その特徴は次の二点に集約することができる。

第一に、同性愛やトランスジェンダーを「異常犯罪」や精神病理と関連づけて「異常性欲者」としてスティグマ化してきた社会に対する異議申し立てである。性解放運動はスティグマ化されたセクシュアリティを逆手に取って、「悪い市民」（壞公民）という周縁化されたポジションから社会規範を批判してきた。

第二に、「売買春の撲滅」や「子どものセクシュアリティの保護」に対する社会的関心の高まりを受けて、「悪い性」（未成年のセックス、セックスワーク、乱交・発展場、セックスドラッグ、PLWHA、ポルノなど）を取り締まる抑圧的な法制度や政策への批判的介入である。

ところが、二〇一〇年代に婚姻平等が「優先すべき人権課題」として注目を集め、さらに保守派のバックラッシュが盛りあがりを見せたことを背景に、性的マイノリティ運動は保守化を経験することになる。たとえば、婚姻平等を主張する運動では「生得的で、変わらない性的指向」が強調され、性的指向の不変性や「生まれつき同性愛者であること」が権利を要求する論拠とされた。「同性愛は自由意思によって変えられるものではない」とする主張は、「同性愛者が子どもを悪へ導く」とか「同性愛者が家族をつくることで子どもが同性愛者になってしまう」といった保守派のプロパガンダに対する対抗言説として、プライドパレードやオンラインで広く見られるようになった。

また、「悪い市民」ではなく「良き市民」であることを強調する主張も支持を集めた。「同性愛者も異性愛者と同じ人間である」とか「同性愛者も法を遵守する良き市民であ

写真１　特別立法で「異端視」するのでなく、民法改正による「平等」を提唱するデモ活動（2016 年 12 月 3 日、高雄市、筆者撮影）

る」といった同化主義にもとづく言説が主流化したのである。婚姻平等は異性愛者と「平等な権利」の要求であって、同性愛者としての「特権」ではなく、ましてや婚姻制度の解体を求めるものではないとして、「良き市民」であることが制度への包摂を主張する根拠とされた。「婚姻平等」を求めるこうした運動は、法制度のありかたをラディカルに問い直したかつての性解放運動の路線とは決定的に異なるものであった。

このようにして、「婚姻平等」を求める運動が保守派のプロパガンダに対抗する、あるいはバックラッシュと交渉する過程において、薬物や乱交を慎む同性愛者、セックスよりも親密性を強調する同性愛者、すなわち異性愛規範に挑戦しない「良き市民」としての同性愛者を主張する同化主義的な言説が主流化したのである（写真1）。そして、安全で、清潔で、社会を脅かさず、モノガミーを重視するこれらの言説は、女性運動や主流派フェミニズムの思想とも親和性が高く、女性団体やフェミニスト立法委員からの支持を獲得することに成功して婚姻平等を実現する重要な背景となった。

5 「LGBTフレンドリーな台湾」の誕生

本稿の最後に、婚姻平等の実現を促進したマクロな政治要因についても言及しておきたい。重要なのは二〇〇〇年代以降の民進党の躍進である。戒厳体制からの脱却と民主化を掲げた民進党（一九八六年結党）の躍進とともに「ジェンダー平等」を志向する政治が大きく進展した。そもそも民進党は国民党の抑圧的な政治体制からの脱却を掲げて民主化や「マイノリティの人権」を重視する政治を推進したが、その過程でさまざまな社会運動アクターを自陣営に取り組むことに成功した。なかでもフェミニストや女性運動と緊密な同盟関係を結び、数多くのフェミニスト立法委員を排出して立法院内外で「ジェンダー平等」を提唱していった（福永 2017b; 何春蕤 2017）。

性的マイノリティの権利保障は、民進党にリクルートされて国政への参与を果たしたフェミニスト立法委員からの強力な支持を受けて達成された。前述のとおり、民法親族編を改正して婚姻・家族制度を「男女平等化」することは台湾のフェミニストにとって長年の悲願であったが、こうした女性運動の延長線上に婚姻制度による同性カップルの包摂(婚姻・家族制度の「ジェンダー平等化」)も位置づけられた。そしてフェミニズムと性的マイノリティのアジェンダが「ジェンダー平等」という共通言説を媒介として、それぞれの運動が連帯しながら多くの政治成果を獲得することに成功したのである。その結果、二〇一〇年代には「LGBTフレンドリーな台湾」を国内外に誇り高く喧伝する「ホモナショナリズム」(Puar 2007)が大きく発展していくこととなる(何春蕤 2017; Fukunaga 2024)。

こうした台湾女性運動の展開は日本のそれと大きく異なるものであった。事実、一九九〇年代後半以降に進展した日本のジェンダー主流化——「男女共同参画」をめぐる政治——が性的マイノリティの人権課題をいっさい排除して進展したことは周知のとおりである。そして二〇二〇年前後から広がりを見せるトランスジェンダーに対する嫌悪言説に対してもフェミニストや女性団体の多くは距離を取って「中立」的なポジションを偽装し、あまつさえ一部のフェミニストが右派勢力と結託して性的マイノリティに対するバックラッシュに身を投じている状況が見られる。ラディカリズムを放棄した台湾の「ジェンダー平等」路線の限界や問題性を看過することなく注意深く見極めたうえで、そこから学ぶべきことがわたしたちにはあるはずだ。

[注]

1　本稿はソシオロゴスに掲載された拙稿（福永 2022b）をベースに、表現や構成を大幅に修正して執筆したものである。

2　婦女新知基金会（Awakening Foundation）は台湾を代表するフェミニストの団体で、女性の権利やジェンダー平等の推進に寄与してきたことで国内外で高い知名度を誇る。前身は一九八二年に設立された婦女新知雑誌社で、八七年の戒厳令解除を受けて婦女新知基金会に改名・再編された。

3　ジェンダー主流化（gender mainstreaming）とは一九九五年に北京で開催された第四回世界女性会議で提唱された方針である。北京女性会議ではレズビアン女性らの取り組みによって性的マイノリティ女性の人権課題も議論されたが、最終提言には盛り込まれなかった（趙静・石頭, 2015）。こうした経緯を想起するなら、台湾におけるジェンダー主流化は性的マイノリティの人権課題を包摂した点で、独自のローカル化を果たしたと言うことができる。

4　宗教右派が性的マイノリティのバックラッシュを牽引するという現象は二〇〇〇年代以降の日本

や韓国でも同じように起きている。ただし日本や韓国のそれが二〇一〇年代後半以降トランスジェンダー（とくにトランスジェンダー女性）を標的と定めてバックラッシュが盛りあがったのに対し、台湾ではそれほど目立たないといった顕著な違いも見られる（福永 近刊）。

5　本稿では「ＬＧＢＴ教育」と訳出したが、台湾では「同志教育」（性的マイノリティを含んだ性教育）や「性別平等教育」（ジェンダー平等教育）といった言葉が用いられる。

6　一九五八年に創設された汝矣島純福音教会は二〇〇〇年代には七〇万人を超える信徒を擁する世界最大のメガチャーチになるまで発展を遂げたが、韓国におけるジェンダー・バックラッシュの拠点としても知られている。

【参考文献】

Brake, Elizabeth. 2012. Minimizing Marriage: Morality, and the Law, Oxford: Oxford University Press.（久保田裕之監訳，2019，『最小の結婚——結婚をめぐる法と道徳』白澤社．）

Huang, Ke-Hsien. 2017. "Culture Wars' in a Globalized East: How Taiwanese Conservative Christianity Turned Public during the Same-Sex Marriage Controversy and a Secularist Backlash." Review of Religion and Chinese Society 4(1):108-136.

Fukunaga, Genya. 2024. "Queer Politics and Solidarity: Post–Cold War Homonationalism in East Asia". Kawasaka, Kazuyoshi (Ed.), Beyond Diversity: Queer Politics, Activism and Representation in Contemporary Japan. Dusseldorf University Press. 99-115.

福永玄弥．近刊．『「ＬＧＢＴフレンドリーな東アジア」の誕生（仮題）』明石書店．
———，2022a.「ポスト冷戦期東アジアにおけるセクシュアリティの政治——台湾と韓国の事例から」東京大学大学院総合文化研究科国際社会科学専攻博士論文．
———，2022b.「『毀家・廃婚』から『婚姻平等』へ——台湾における同性婚の法制化と『良き市民』の政治」『ソシオロゴス』45: 39-58.
———，2017a.「同性愛の包摂と排除をめぐるポリティクス：台湾の徴兵制を事例に」『Gender and Sexuality』12: 157-182.
———，2017b.「台湾におけるフェミニズム的性解放運動の展開：女性運動の主流化と、逸脱的セクシュアリティ主体の連帯」瀬地山角編『ジェンダーとセクシュアリティで見る東アジア』勁草書房，92-135.
———，2017c.「性的少数者の制度への包摂をめぐるポリティクス：台湾のジェンダー平等教育法を事例に」『日本台湾学会報』19: 29-49.
Puar, J. K. 2007. Terrorist Assemblages: Homonationalism in Queer times. Durham=Duke University Press.
何春蕤．2017.『性別治理』桃園＝國立中央大學性／別研究室．
———，2013.『「性／別」攪乱——台湾における性政治』大橋史恵・張瑋容訳，舘かおる・平野恵子共編．御茶の水書房．
卡維波．2018.「粉飾與同性戀民族主義之後：以夷制夷下的知識生産」『台灣社會研究季刊』，231-248.
台湾伴侶権益推動連盟．2013a.「伴侶盟凱道千人伴桌 多元家庭新人『照』過來」，苦労網（2020年12

月24日取得，https://www.coolloud.org.tw/node/75523）．

———．2013b.「家屬制度」（2019年10月30日取得，https://tapcpr.org/freedom-to-marry/draft-intro/multiple-personfamilies）．

趙静・石頭，2015,『我们在这里』女权之声．（福永玄弥訳，2016,『私たちはここにいる！：北京女性会議と中国レズビアン運動の記録』第10回関西クィア映画祭上映．）

おわりに——同性婚のこれから

追手門学院大学教授・奈良女子大学名誉教授　三成美保

はじめに——三つの論点

「同性婚のこれから」を考えるにあたって、大きく三つの論点をまとめて、本書を締めくくりたい。（1）婚姻平等の意義と限界、（2）婚姻の自由と平等をめぐる憲法論・司法・比較、（3）グローバル市民社会における今後の課題である。

1　LGBTQの人々にとっての婚姻平等の意義と限界

（1）「当事者」とは誰か？

LGBTQと呼ばれる人々は誰か？　この問い自体に、いくつかの課題が含まれている。①対人口比、②LGBTQの多様性に応じた「当事者」認識やニーズの多様性、③「婚姻平等／同性婚」の意味内容である。

①日本では、ＬＧＢＴＱの人々に関する国の調査がない。したがって、正確な対人口比は不明である。二〇二〇年国勢調査でも、同性カップルの把握が要望されたが、受け入れられなかった。国の調査がなく、民間のインターネット調査に頼らざるを得ないが、調査対象者の八〜一〇パーセントがＬＧＢＴＱに該当すると見積もられている（最新の二〇二三年電通調査では九・七パーセント）[1]。より信頼性が高い大阪市と研究者との共同調査（質問紙によるアンケート調査：二〇一九年）でも「Ｑ」を含めて八・二パーセントという数値が出ている[2]。もし八〜一〇パーセントが対人口比でも当てはまるとすれば、小学校の三五人学級でクラスに三人ほど。決して少ない数ではない。しかも、電通調査によれば、この数値は年を追うごとに増えている。ジェンダー統計の整備を進めてＬＧＢＴＱの存在を数字の上で可視化し、法整備の緊急性と政策の予算化を根拠づける必要がある。

②ＬＧＢＴＱは多様な性的マイノリティを包括する概念であり、①であげた各種調査でもノンバイナリー（性別を決定しない）を含む「Ｑ」が多いことがわかっている。性的マイノリティとして社会的排除の経験を共有するとはいえ、ＬＧＢＴＱの個別集団はそれぞれ異なる立場に置かれており、ニーズも異なる。特に留意すべきは、ＬＧＢＴＱ内部での格差拡大である。アメリカの影響を受けて、日本でも二〇〇七／二〇一二年に有力経済誌

が「ＬＧＢＴ市場」のキャンペーンを張り、一挙にＬＧＢＴという語が広まった。しかし、それはＬＧＢＴＱの権利を人権課題として論じるという視点を薄めることにつながった。その頃から指摘されていたのは、「ホモノーマティヴィティ」[3]の広がりである。ＬＧＢＴ市場論では、ＬＧＢＴＱの中でも高学歴ゲイ白人男性とそのカップルが有力な未開拓市場（いわゆる「レインボウ市場」）として脚光を浴びた。しかし、それは、ゲイの中での格差を無視するとともに、レズビアンやトランスジェンダーの困難や貧困を不可視化するという負の側面をもたらした。

③「婚姻平等」スローガンには、二つの留意点がある。

第一に、婚姻という制度を前提としている点で限界がある。すなわち、ＬＧＢＴＱの人権保障は婚姻平等にとどまらないにもかかわらず、それが焦点化されることによって、体制的マジョリティへの「同化」が強いられる結果になりやすい。婚姻という制度を利用する権利を保障するとともに、それを利用しなくとも社会的差別を受けない制度設計が求められる（福永論文参照）。

第二に、「同性婚」には大きく二通りがある。「シスジェンダーの同性婚」と「トランスジェンダーの同性婚」である。同性パートナーシップ証明制度は、当初、「シスジェンダーの同性カップル」を想定していた。しかし、例えば、戸籍上女性のトランス男性がシス女性と共同生活をはじめると、「異性カップル」であるにもかかわらず、法的には「同性婚」とみなされる。逆に、戸籍上女性のトランス男性がシス男性とカップルになろうとすると、法的には「異性婚」として登録できるが、同性カップルとして認知されるわけではない。文科省は、二〇一五年、初等中等学校に対して、性自認に即した学校生活を送ることができるように児童生徒を支援することを求める通達を出した。[4] それから九年たち、そのような配慮の下で学校生活を送ってきた者が、いざ結婚しようとすると、性自認ではなく、法的性別に基づき、婚姻の権利を制限されることになる。現行法制では、このような「同性婚」の矛盾を解消できない。

（2） 選択肢の保障

カップルの共同生活に関する選択肢の保障をめぐっては、いくつかのパターンがある（二宮論文参照）。①婚姻を異性婚に限定し、同性カップルには法的保障を認めない（現行日本民法）。②婚姻を異性婚に限り、同性カップルには婚姻に準じる制度（同性パートナーシップ法など）を認める（ドイツの生活パートナーシップ法）。③性別を問わず、婚姻を認める（婚姻平等）（現在のドイツ、台湾）。④性別を問わず、婚姻とパートナーシップ制度のいずれも対等に選べるようにする（フランス）。

日本の婚姻平等訴訟第一審では、四つの判決で、①を違憲あるいは違憲状態とする判断が示された。代替として提案されているのは②であり、③や④は立法裁量に委ねるとされた。しかし、婚姻平等と同性パートナーシップ法とは全く別の制度であり、同性パートナーシップは婚姻の代替にはなりえない。かつては同性パートナーシップ法を経て、段階的に同性婚へという道筋も想定できたが、多くの国で婚姻平等が実現している今日、段階論はもはや現実的ではない（渡邉論文参照）。婚姻平等と同性パートナーシップはいずれも認められるべきであり、同性・異性に限らず、「婚姻」「（法的な）パートナーシップ」「非婚」のいずれをも自由に対等に選択できるような制度設計が求められる。

同性婚をめぐる世論の動向についても、民間調査等によれば、同性婚に六〜七割が賛成している[5]（辻村はしがき、二宮論文参照）。また、自治体で導入が進められている同性パートナーシップ証明制度は広く普及しており、二〇二三年五月三一日現在、人口カバー率七割（導入自治体三二八）を超えている。[6]共同生活に関する選択肢の一つとして同性婚を認めることに国民の反発が強いとはもはや言えない現状である。

2 婚姻の自由と平等

（1）憲法解釈と司法判断

一連の「婚姻平等」訴訟で争われたのは、同性間の婚姻を認めないことが、憲法一三条の「個人の尊重」（幸福追求権［家族形成権］・婚姻の自由・人格権）、一四条の平等権、二四条一項の「両性の合意」、同二項の「個人の尊厳と両性の本質的平等」に反するか否かという点であった。地裁レベルであるが、すべての判決において、同性間婚姻を認めることは憲法二四条一項によって要請されている（要請説）とはまでは言えないが、「両性の合意」は同性間の婚姻を禁止しているとまでは言えない（許容説）と判示された（田代論文参照）。憲法制定時（一九四六年）において、同性間婚姻はそもそもまったく想定されておらず、「両性の合意」は同性間婚姻を排除する目的を持たないとされたのである。

しかし、一四条一項（違憲＝札幌・名古屋、合憲＝大阪・東京・福岡）と二四条二項（違憲＝名古屋、違憲状態＝東京・福岡、合憲＝札幌・大阪）については判断が分かれ、一三条（合憲＝札幌・大阪・東京・福岡、争点にせず＝名古屋）については合憲が大勢を占めた。

これに対して、中川論文は、二四条のより積極的な解釈を提示する。各判決は、「制定経緯」から同性婚排除は想定できないとする一方で、婚姻と生殖を結びつける伝統的解釈を超えていない。二四条は、「個人の尊厳」に照らした「親密関係の保護」を要請していると解釈すべきであり、婚姻の保護は同性・異性を問わないと指摘する。「未熟で弱い個人として『婚姻』を求める生の切実さ」（西山コメント）ゆえに、憲法一三条の人格権及び家族形成権を根拠に同性婚を認めるべきとの指摘も示唆に富む。こうした二四条論や一三条論は、ジェンダー視点に立つ「人格論」や「ケア論」ともきわめて親和性が高い。

（2）ジェンダー視点からの検討

一九八〇年代から若尾典子氏がジェンダー視点から興味深い解釈を示しており[7]、本書でフランスの状況を論じた齊藤氏がこれを高く評価している[8]。

若尾氏によれば、憲法学は公共圏における「自律的個人」（強い個人）の人権保障に焦点をあて、子どもなどの要保護者を抱え込む「家族における人間関係」を人権論から排除してきた。二四条二項「個人の尊厳と両性の本質的平等」条項は、「家族における個人の平等」を目指して「家制度」のみならず、「近代家族」をも克服しようとしたのであり、ケアを必要とする個人（弱い個人＝子ども・高齢者・障害者など）を権利主体として位置付けた。その結果、国家は、ケアを必要とする個人に対して適切なケアを提供する責務を負うことになる。若尾氏は、二四条は、「家族か、個人か」という二者択一を迫る規定ではなく、特定の家族像を押し付ける規範でもないとする。それは、「ケア共同体」の保護と「ケアの社会化」を公的に保障する「社会権の総則規定」であり、「家族の多様性」に向けて開かれた規定なのだと、氏は指摘する。

二四条一項の「両性の合意」が「同性間の合意」を排除しないのであれば、合意は異性間・同性間に対等に開かれたものとみなすことができ、それは「好きな人と結婚する自由」(中川論文)という普遍的権利を保障したものという解釈にもつながる。婚姻と「自然生殖」を不可分とすることによって異性間婚姻と同性間婚姻を差異化する論理についても、いまや諸外国では同性カップルの双方を親として法的に認定する立法例が増え、養子縁組あるいは生殖補助医療の利用によって同性カップルが子を育てることが法的に保障されつつある現状に照らすならば、著しく合理性を欠く(二宮論文参照)。親子関係の創出もまた「宿命」ではなく、一定の「自由」を含みうるようになっているのである。そうなると、婚姻を「両性(同性カップルを含む)」の「合意のみ」に基づいて成立し、「夫婦(同性パートナーを含む)」が「同等の権利を有することを基本として」協力・維持する関係と定める二四条一項は、本質的に同性間の婚姻を排除しない法制度を要請していると考えることができるのではないだろうか（中川論文参照）。

（3）国際比較

第2部のポイントは以下の通りである。

国際人権法（谷口論文）の立場からは、「人権の普遍性」への着目が重要である。たしかに、国際人権法は、婚姻平等の保障を義務づけているとまでは言えない。しかし、国際人権法の見地からは、自由権規約などの国際条約は「国の不作為を正当化する根拠」としては使えないのであって、一部の判決はこの点を誤解している。

他方、婚姻平等の実現に向けた各国の取組は、それぞれの事情を反映して多彩である。まず、フランス（齊藤論文）では、司法ではなく、立法の役割が大きい。同性婚成立後一〇年たち、成立時には大きな反対があったが、現在では極右からも同性婚否定の動きはないという。同性カップルは婚姻よりもパックスを選ぶ傾向が強い。他方、ＬＧＢＴに対するヘイトクライムが増加中である。これは、ヨーロッパ全体に共通するが、これまで同性婚推進を担ってきた政治勢力が後退傾向にあることを反映している。

次に、ドイツ（渡邉論文）では、憲法六条一項に定めるいわゆる家族条項（婚姻と家族は、国家秩序の特別の保護の下にある）との整合性が問われた。同性婚反対派は、生殖を媒介にした婚姻と家族の不可分性を主張し、同性婚賛成派は同条項は婚姻「と」家族の二つを別個のものと位置付けているとして、生殖と婚姻の分離を主張した。日本の判決でも示唆されている同性パートナーシップ法について言えば、ドイツの生活パートナーシップ法（二〇〇一年）の内容は当初は不十分であり、婚姻とは明確に差異化されていた。この後、同法成立から婚姻平等の実現まで一六年かかった。しかし、二〇一七年には、メルケル首相が「良心の判断」に委ねるとして党議拘束をはずした結果、わずか四日で同性婚が立法主導で実現した。ドイツにおける同性パートナーシップ法から同性婚への段階的展開の実態を鑑みれば、いまの日本にその時間が残されているとは考えられない。

第三に、台湾（福永論文）は、アジアで初めて同性間の婚姻を認めた（二〇一九年）。台湾での展開については、台湾の伴侶連盟の「多様な家族」草案が非常に示唆的である。モノガミー（単婚）を超える家族の在り方を提案しているからである。婚姻平等はモノガミーへの包摂を前提とする限りで「同化主義」な言説であり、ＬＧＢＴＱが「良き市民」であって秩序破壊的ではないことが婚姻平等実現の根拠とされているとの指摘は、深く考えさせられる。

以上から得られる日本への示唆は何か。個々の国の事例は各国各様であり、日本における「同性婚のこれから」にも決まった道はない。しかしながら、同性婚を認めた国で同性婚の登録が急増しているという事実は、重い意味をもつ。例えば、二〇一三年五月～二〇二三年八月フランスで七万組[9]［ただし、フランスでは同性婚以上に同性間パックスが多い］、二〇一七～二〇二二年ドイツで九万六千組（渡邉論文）、二〇一九年五月～二〇二三年二月台湾で一万二三五組[10]。これらは、法律の欠如によって多数のカップルが婚姻する権利を奪われ続けてきた事実をまざまざと示している。そして、その「失われた時間」は、個人の人生において取り戻すことも埋め合わすこともできない（二宮論文参照）。

3　展望――グローバル市民社会における日本の課題

最後に、グローバルな市民社会における日本の課題について、三点を指摘しておきたい。

第一に、グローバルな市民社会では、もはや婚姻は一国単位では対応できない法的問題となっている。特に日本と政治的・経済的に強い関係をもつ欧米諸国で同性婚が認められつつある現在、日本が異性婚にこだわることは、人々の移動を妨げ、個人やカップルの人権侵害につながるのみならず、国家や社会の利益をも大きく損なうであろう。

第二に、「レインボウ家族形成」という視点から見れば、婚姻平等は重要な柱であるが、柱の一つでしかない。もう一つの重要な柱が、多様な親子関係の形成支援である。両者を組み合わせた法的保障がなされなければ、当事者のニーズにも生活実態にもそぐわない。すなわち、婚姻平等を実現したとしても、養子縁組や里親制度、生殖補助医療の利用について、異性カップルと同性カップルの権利が差異化されたならば、婚姻平等の法的効果は半減する（二宮論文参照）。

第三に、直近で目指すべきは、婚姻平等実現のための民法改正とＳＯＧＩ（性的指向と性自認）差別禁止法の制定である。そしてこれらと並行して、包括的反差別法（包括的差別禁止法）の制定が望まれる。[11]民法改正は、フランスやドイツのようにシンプルな文言改正で足りる。戸籍法の改正もそれほど複雑ではない（二宮論文参照）。一方、国連自由権規約委員会から、日本政府は、ＬＧＢＴＱの権利保障に関して、二〇一四年と二〇二二年に勧告を受けている。直近の二〇二二年一一月の自由権規約委員会総括所見でも、包括的反差別法の制定が求められている（谷口論文参照）。「9．締約国は、包括的な反差別法を制定することを含め、その法的枠組みが、人種、意見、出生、性的指向、性自認及び他の地位を含む規約に基づく全ての禁止事由に基づく、私的領域を含むあらゆる形態の直接、間接及び複合差別に対する十分かつ効果的な実体的及び手続的保護並びに差別の被害者に対する効果的かつ適切な救済へのアクセスを提供することを確保するために必要なすべての措置を講じるべきである。（中略）11.（b）同性カップルが、公営住宅へのアクセス及び同性婚を含む、規約に定められているすべての権利を、締約国の全領域で享受できるようにすること」。

近年、差別の複合性（交差性・インターセクショナリティ）が、国際人権の重要な関心事とされている。できるだけ早く、包括的反差別法の制定に向けて、国会審議を始めることが望まれる。

おわりに——同性婚のこれから

本書の各論文で示されたとおり、同性婚の実現をめぐって、法的・政治的基盤は日本でも形成されつつある。市民社会の理解も確実に広がっている。しかし、人権課題という問題の本質上、「同性婚のこれから」にゆっくりと時間をかけることはできない。かかった時間で損なわれた人権は取り返しがつかないからである。

ＳＯＧＩに基づく差別が平等原則違反であることは、国際人権法でも主要な欧米諸国でもすでに承認されており、日本の司法でも一四条違反を認める判決が登場して、平等保障への端緒が開かれ始めた。しかし、司法は一三条の「婚姻の自由」「家族形成の自由」にまでは踏み込んでいない点で、根本的な限界がある（田代論文、西山コメント参照）。

同性婚の法的保障は、カミングアウトできる裕福な個人やカップルのためのものではない。それは、カミングアウトできないがゆえにハラスメントや貧困に陥るＬＧＢＴＱの現実に目を向け、彼ら・彼女たちが築こうとする親密なケア＝生活共同体に法的保護を与え、異性カップルと同様の条件で公的支援を保障し、生活を安定的に支えるという公的承認システムの確立を意味する。性的指向・性自認が多数者と異なるだけで、人権の平等を享受すべき個人をこれらの公的承認システムから排除するに足る合理的理由は存在しない（中川論文、二宮論文参照）。ただし、婚姻平等の実現が婚姻制度への強制に転化してはならない。婚姻平等はＬＧＢＴＱの人権保障の一つでしかない。台湾「伴侶同盟」の案が示唆するように（福永論文参照）、多様なケア＝生活共同体の承認・尊重こそが「同性婚のこれから」の究極目標であろう。

［注・参考文献］

1　最新の調査として、以下を参照。「電通グループ、『LGBTQ+ 調査 2023』を実施」（二〇二三年一〇月一九日）https://www.group.dentsu.com/jp/news/release/001046.html

2　JSPS 科研費「性的指向と性自認の人口学―日本における研究基盤の構築」「働き方と暮らしの多様性と共生」研究チーム編「大阪市民の働き方と暮らしの多様性と共生にかんするアンケート：報告書（単純集計結果）」（二〇一九年一一月）https://osaka-chosa.jp/files/osakachosa_report.pdf
『大阪市民の働き方と暮らしの多様性と共生にかんするアンケート』結果速報（二〇一九年四月二五日）https://www.ipss.go.jp/projects/j/SOGI/%E7%B5%90%E6%9E%9C%E9%80%9F%E5%A0%B120190425%E5%85%AC%E8%A1%A8%E7%94%A8.pdf

3　意味については、以下を参照。https://jobrainbow.jp/magazine/homonormativity

4　「性同一性障害等に係る児童生徒に対するきめ細かな対応の実施等について」（平成二七（二〇一五）年四月三〇日二七文科初児生第三号）、「性同一性障害や性的指向・性自認に係る、児童生徒に対するきめ細かな対応の実施等について（教職員向け）」（平成二八（二〇一六）年四月一日）、http://www.mext.go.jp/b_menu/houdou/28/04/1369211.htm (last visited 30 September2019).

5　OUT JAPAN の記事参照。「多くのメディアが同性婚や LGBTQ の権利に関する世論調査を一斉に実施し、賛成が最高で72%、20代では9割超にも上りました」（2023/02/20）https://www.outjapan.co.jp/pride_japan/news/2023/02/28.html

6　渋谷区・虹色ダイバーシティ「全国パートナーシップ制度共同調査」令和5年度第1回調査結果簡易版 https://files.city.shibuya.tokyo.jp/assets/12995aba8b194961be709ba879857f70/90ee0e763c

245692e6233ada48eb8a/20230628_infographic.pdf

7 若尾典子「近代国民国家と性的自己決定権」田中真砂子＝白石玲子＝三成美保編『国民国家と家族・個人』早稲田大学出版部、二〇〇五年、一二三–一五〇頁など。

8 斉藤笑美子「憲法・人権からみたジェンダーおよび親密圏」二宮周平＝風間孝編著『家族の変容と法制度の再構築――ジェンダー／セクシュアリティ／子どもの視点から』法律文化社、二〇二二年、二一七–二三八頁。

9 https://madamefigaro.jp/paris/230817-hot-from-paris.html

10 https://www.outjapan.co.jp/pride_japan/news/2023/03/11.html 鈴木賢『台湾同性婚法の誕生――アジア LGBTQ ＋燈台への歴程』日本評論社、二〇二二年、鈴木賢「（第４回）台湾法――ポスト同性婚時代の論点移行」ＷＥＢ日本評論、二〇二二年、https://www.web-nippyo.jp/26164/

11 国際人権ＮＧＯ反差別国際運動「包括的反差別法制定のための実践ガイド」日本語版（二〇二三年）https://imadr.net/guide_antidiscrimination_japanese/

あとがき

日本国憲法の人権条項が輝きを発するのは、苦境にある人々の希望の源となり、苦境から脱する力になるときである。本書のタイトルにある「結婚の自由・平等」も、そうした潜勢力をもつ人権である。

「結婚の自由をすべての人に」訴訟は、婚姻届が役所の窓口で受理されなかった同性カップルの原告たちによって提起された。二〇二三年六月八日までに出そろった地裁五判決のうち、二つが違憲判決、二つが違憲状態判決である。この事実は、裁判所がそう判断せざるを得ないほど、原告たちの状況が苛烈であることを物語っている。しかし、選択肢として婚姻とは別の制度を設営する可能性を示唆する裁判所の態度は、「結婚の自由をすべての人に」求める原告らの問題提起への応答として、ストライクゾーンを外している。「制度の利用にアクセスできるがアクセスしない」ことと、「制度の利用にアクセスしたいのにアクセスできない」ことでは、「アクセスしていない」意味は全く異なる。原告らが求めているのは、法律婚制度へのアクセスにほかならない。

よって、当事者の真の救済は、法律上の婚姻を可能にすることにある。救済の道を探るうえで、いったんは婚姻とは別の制度を設営した多くの国で、結局のところ、同性カップルに法律婚制度を開放する方途が選択されている事実は、示唆的である。フランスでは、異性カップル・同性カップルに等しく開かれた婚姻制度とパックス（民事連帯契約：非婚カップル保護制度）が共存しているが、登録件数からみてパックスの人気はかなり高いという（本書齊藤論文参照）。尊重するがゆえに婚姻制度へのアクセスを求めている人々を別制度に追いやって排除するより、婚姻制度に包摂するほうが、むしろ婚姻制度の安定に通じるのではないだろうか。当研究所は婚姻を推奨する立場にはないが、一言申し添える次第である。

本書では、「結婚の自由をすべての人に」訴訟の現在地と課題を確認し、「結婚の自由・平等」の法理の深化を探りつつ、「結婚の自由をすべての人に」開放する法改正の具体的な提案を行っている。本書をお読みいただいた読者の方は、どのような感想をお持ちになっただろうか。

少数者の存在を「知らなかったことで済ませる」社会は、早晩、自由を窒息させる。強者の論理が秩序を支配し、異論を許さなくなるからだ。そして何より、結婚を考えない若者が増えつつある社会だからこそ、「結婚の自由をすべての人に」訴訟の当事者が発見した「結婚の自由・平等」に、関心をお寄せいただくよう願っている。本書がその一助となることを期待して、実践的意図を込め、「法と政治ができること」と副題をつけさせていただいた。

＊　＊　＊　＊　＊

当研究所は、その名に冠している通り、「法と政治」にまたがって、ジェンダー平等の進展に資する活動を行っています。二〇二四年も、夏に、オンラインでのシンポジウムの開催を企画しています。テーマは、「産む権利／産まない権利――リプロダクティブ・ライツの現在《いま》」です。内容として、リプロダクティブ・ライツを考察するための理論的フレームワークの検討と日本におけるアクチュアルな各論的問題を取り上げる予定です。当該領域における一線の研究者・実務家にご登壇をお願いしているところです。詳細は、決まり次第、ジェンダー法政策研究所のウェブサイト（https://www.gelepoc.org）を通じて、お知らせいたします。
二〇二二年一二月に刊行した『選択的夫婦別姓は、なぜ実現しないのか?――日本のジェンダー平等と政治』に引き続き、本書の出版も、花伝社様と同編集者の家入祐輔氏にお世話になりました。本書のタイトルの提案を含め、多くの場面でご尽力いただきましたことに、心より感謝申し上げます。

二〇二四年二月

ジェンダー法政策研究所共同代表・東北大学名誉教授　糠塚康江

読書案内

＊編者が選んだ和書を中心にご紹介しています。本書の執筆者が引用しているものを除いています。

「結婚の自由をすべての人に」訴訟弁護団全国連絡会『同性婚法制化のためのQ&A』（岩波書店、二〇二四年）

千葉勝美『同性婚と司法』（岩波書店、二〇二四年）

同性婚人権救済弁護団編『同性婚――だれもが自由に結婚する権利』（明石書店、二〇一六年）

小島明子『同性婚論争――「家族」をめぐるアメリカの文化戦争』（慶應義塾大学出版会、二〇二〇年）

イレーヌ・テリー（石田久仁子・井上たか子訳）『フランスの同性婚と親子関係――ジェンダー平等と結婚・家族の変容』（明石書店、二〇一九年）

三成美保編『同性愛をめぐる歴史と法――尊厳としてのセクシュアリティ』（明石書店、二〇一五年）

「結婚の自由をすべての人に」訴訟関連サイト

・判決を含め、訴訟資料は、〝社会課題の解決を目指す訴訟（公共訴訟）〟の支援に特化したウェブプラットフォームCALL4（コールフォー）（https://www.call4.jp/index.php）で、閲覧できます。

・「結婚の自由をすべての人に」（MARRIAGE FOR ALL JAPAN）の活動は、ウェブサイト（https://www.marriageforall.jp/）で発信されています。

由再考」（『日仏法学』（31）、2021 年）、「婚姻・家族とフランス憲法」『社会変動と人権の現代的保障』（信山社、2017 年）、共著に辻村みよ子＝齊藤笑美子『ジェンダー平等を実現する法と政治――フランスのパリテ法に学ぶ日本の課題』（花伝社、2023 年）、編著に『性的マイノリティ判例解説』（信山社、2011 年）など。

渡邉泰彦（わたなべ・やすひこ）
京都産業大学法学部教授。博士（法学）。専門は家族法。研究テーマは、SOGI と法に関する日本とドイツ・オーストリアなどの比較法研究。主要著書に、『新ハイブリッド民法 5 家族法』（共著）（法律文化社、2021 年）、「同性の両親と子 ―ドイツ、オーストリア、スイスの状況 ―（その 1 ～ 7）」産大法学（2014 ～未完）、「ドイツにおける同性婚導入」京都産業大学総合学術研究所所報 13 号（2018 年）、「個人の尊厳とセクシュアリティの多様性」編集代表 二宮周平、編集担当 棚村政行『現代家族法講座第 1 巻「個人、国家と家族」』（日本評論社、2020 年）、「同性カップルによる婚姻・家族」法学セミナー 799 号（2021 年）等。

福永玄弥（ふくなが・げんや）
東京大学教養学部准教授。都留文科大学、早稲田大学非常勤講師。学術博士（東京大学）。専門は社会学、フェミニズム・クィア研究、地域研究（東アジア）。研究テーマは「東アジアにおける植民地主義・冷戦体制と性政治」。主要論文として、「フェミニストと保守の奇妙な〈連帯〉――韓国のトランス排除言説を中心に」（『ジェンダー史学』18 号、75-85 頁、2022 年）、「『毀家・廃婚』から『婚姻平等』へ：台湾における同性婚の法制化と『良き市民』の政治」（『ソシオロゴス』45 号、39-58 頁、2021 年）など。

糠塚康江（ぬかつか・やすえ）
東北大学名誉教授。法学博士（一橋大学）。一橋大学法学部助手、関東学院大学法学部専任講師、助教授、教授、東北大学大学院法学研究科教授を経て、2020 年 4 月より同名誉教授。日本学術会議会員・連携会員、憲法理論研究会運営委員長、日本公法学会理事などを歴任。近著に、『議会制民主主義の活かし方―未来を選ぶために』（岩波書店、2020 年）、共編著『女性の参画が政治を変える―候補者均等法の活かし方』（信山社、2020 年）など。

スト 36 号（2021 年）52-60 頁、「婚姻の自由の拡張か人的結合への自由か―婚姻を求める同性カップルをめぐる 2 つの地裁判決から考える」ジェンダー法研究第 9 号（2022 年）27-41 頁など。

中川重徳（なかがわ・しげのり）
弁護士。1988 年弁護士登録、2000 年より「諏訪の森法律事務所」（東京都新宿区）。主要業績として、「判例研究 都立七生養護学校「こころとからだの学習」裁判」『季刊教育法』178 号（2013 年）、「LGBT と裁判　府中青年の家裁判を振り返る」谷口洋幸編著『LGBT をめぐる法と社会』（日本加除出版、2019 年）、棚村政行・中川重徳編著『同性パートナーシップ制度 世界の動向・日本の自治体における導入の実際と展望』（日本加除出版、2016 年）、「ヘイトスピーチにさらされる性的マイノリティ 人権の視点から考える」『世界』2016 年 2 月、同性婚人権救済弁護団編「同性婚 誰もが自由に結婚する権利」（明石書店、2016 年）、「婚姻の自由と平等、人としての尊厳を求めて」ジェンダー法研究 9 号（2022 年）等。

二宮周平（にのみや・しゅうへい）
立命館大学名誉教授。大阪大学大学院法学研究科博士課程修了。法学博士（大阪大学）。専門は家族法。立命館大学助教授、教授を経て 2017 年より名誉教授。日本学術会議連携会員、ジェンダー法学会理事長、立命館大学法学部長、図書館長などを歴任。著書に、『家族と法――個人化と多様化の中で』（岩波書店、2007 年）、『家族法〔第 5 版〕』（新世社、2019 年）、共編著『家族の変容と法制度の再構築――ジェンダー / セクシュアリティ / 子どもの視点から』（法律文化社、2022 年）など。

谷口洋幸（たにぐち・ひろゆき）
青山学院大学法学部教授。中央大学大学院法学研究科博士課程修了。博士（法学）。著書に『性的マイノリティと国際人権法』（日本加除出版、2022 年）、編著に『LGBT をめぐる法と社会』（日本加除出版、2019 年）、『資料で考える憲法』（法律文化社、2018 年）、共編著に『セクシュアリティと法――身体・社会・言説との交錯』（法律文化社、2017 年）、『性的マイノリティ判例解説（判例解説シリーズ）』（信山社、2011 年）など。

齊藤笑美子（さいとう・えみこ）
パリ第 10 大学 DEA および一橋大学大学院法学研究科博士課程修了。博士（法学）。一橋大学大学院法学研究科特任講師、茨城大学人文学部准教授を経て、2013 年からフランス移住。現在、ジェンダー法政策研究所（GELEPOC）フランス支部長。主著に、「性刑法と憲法―― 2016 年買売春廃止法からの性的自

執筆者紹介（執筆順）

辻村みよ子（つじむら・みよこ）

東北大学名誉教授・弁護士（東京弁護士会）。法学博士（一橋大学）。ジェンダー法政策研究所共同代表。一橋大学助手・成城大学助教授・教授、東北大学教授（1999-2013）・同大学ディスティングイッシュト・プロフェッサー、明治大学法科大学院教授（2013-2020）を経て、現職。パリ第2大学比較法研究所招聘教授、日本学術会議会員、国際憲法学会理事、同日本支部副代表、日本公法学会理事、全国憲法研究会代表、ジェンダー法学会理事長、日仏会館評議員、内閣府男女共同参画会議員などを歴任。近著に、『辻村みよ子著作集（第7巻）日本国憲法解釈と平和』『辻村みよ子著作集（第6巻）比較憲法の課題』、『辻村みよ子著作集（第5巻）家族と憲法』（信山社、2022-23年）、『憲法（第7版）』（日本評論社、2021年）など。

三成美保（みつなり・みほ）（構成・監修）

追手門学院大学教授、奈良女子大学名誉教授。博士（法学、大阪大学）。ジェンダー法学会理事長、日本ジェンダー学会会長、比較家族史学会会長、奈良女子大学副学長、日本学術会議副会長などを歴任。著書に、『ジェンダーの法史学——近代ドイツの家族とセクシュアリティ』（勁草書房、2005年）、共著に『ジェンダー法学入門（第3版）』（法律文化社、2019年）、編著に『同性愛をめぐる歴史と法——尊厳としてのセクシュアリティ』（明石書店、2015年）、『LGBTIの雇用と労働——当事者の困難とその解決方法を考える』（晃洋書房、2019年）、『「ひと」とはだれか？——身体・セクシュアリティ・暴力（〈ひと〉から問うジェンダーの世界史第1巻）』（大阪大学出版会、2024年）など。

田代亜紀（たしろ・あき）

東北大学大学院法学研究科博士課程修了。博士（法学）。群馬大学社会情報学部専任講師、准教授、専修大学法科大学院准教授を経て、現在専修大学法科大学院教授。GELEPOC理事。専門は憲法学。関心分野は、家族と憲法学、表現の自由論。主要業績として「憲法学における『家族』の位置づけに関する一議論」山元一＝只野雅人＝蟻川恒正＝中林暁生編『憲法の普遍性と歴史性 辻村みよ子先生古稀記念論集』221-240頁（日本評論社、2019年）、「『家族』・『婚姻』の憲法学的意味を探る——夫婦同氏と同性婚問題を素材として」愛敬浩二編『立憲主義と憲法学 第2巻』（信山社、2022年）249-280頁など。

西山千絵（にしやま・ちえ）

東北大学大学院法学研究科博士課程単位取得退学。東北大学グローバルCOEプログラムフェロー、沖縄国際大学法学部講師を経て、2015年より琉球大学大学院法務研究科准教授。

専攻は憲法学。最近の関心は、女性と身体、個人と家族と国家の関係をめぐる憲法論。全国憲法研究会運営委員、GELEPOC 理事。主要業績：「憲法と家族法——判例による憲法的価値の実現」二宮周平編集代表＝棚村政行編『個人、国家と家族 』（日本評論社、2020年）91-116頁、「婚姻・家族・『女性／男性』：不平等の現在」論究ジュリ

【編者】
ジェンダー法政策研究所（GELEPOC）
ウェブサイト https://www.gelepoc.org/

ジェンダー法政策研究所共同代表：辻村みよ子・糠塚康江・大山礼子
企画担当理事（企画・監修）：三成美保

同性婚のこれから——「婚姻の自由・平等」のために法と政治ができること

2024年3月15日　初版第1刷発行

編者 ——ジェンダー法政策研究所
発行者 ——平田　勝
発行 ——花伝社
発売 ——共栄書房
〒101-0065　東京都千代田区西神田2-5-11出版輸送ビル2F
電話　03-3263-3813
FAX　03-3239-8272
E-mail　info@kadensha.net
URL　https://www.kadensha.net
振替 ——00140-6-59661
装幀 ——六月
印刷・製本—中央精版印刷株式会社

ISBN978-4-7634-2105-0 C0036